ACTE III. SCÈNE XIII.

L'ANGE GARDIEN,

COMÉDIE EN TROIS ACTES, MÊLÉE DE CHANT,

Par MM. Dupeuty et Deslandes,

MUSIQUE DE M. J. DOCHE, DÉCORS DE M. CONTANT,

Représentée pour la première fois, à Paris, sur le théâtre national du Vaudeville, le 18 mai 1837.

PERSONNAGES.	*ACTEURS.*	*PERSONNAGES.*	*ACTEURS.*
LE COMTE FRÉDÉRICK DE KLINGTAL	M. EMILE TAIGNY.	ÉMELINE, fille de Wormsler	Mme DELVALLE.
LE MARQUIS DE STELLO, son ami	M. HIPPOLYTE.	KRETTLE, femme de chambre d'Emeline	Mlle L. MAYER.
HIERZEN, } jeunes barons allemands.	M. ACHILLE.	BRAMBERG, officier prussien du régiment des cadets	M. LUDOVIC.
BLUMFIELD, } jeunes barons allemands.	M. BALLARD.	WILHEM, domestique de Frédérick	M. BARDOU.
LE CONSEILLER WORMSLER	M. AMANT.	UN CHASSEUR	M. EUGÈNE.
SOPHIE OMSKI, jeune fille de la bourgeoisie de Vienne	Mme ALBERT.	OFFICIERS, SEIGNEURS.	
		DOMESTIQUES DES DEUX SEXES.	

La scène est à Vienne, au premier acte; aux eaux de Baden, au deuxième; à Berlin, au troisième.

ACTE PREMIER.

Le théâtre représente un salon. Au milieu une table richement servie et offrant l'aspect de la fin d'un repas. Les bougies sont presque consumées. A droite, au premier plan, une croisée. A gauche, au premier plan, une table; dessus papier, encre, plumes. Au deuxième plan, un secrétaire. Au fond, trois portes.

SCENE PREMIERE.

STELLO, FRÉDÉRICK, BLUMFIELD, HIERZEN, AUTRES INVITÉS, *puis* WILHEM.

(Au lever du rideau, Stello est au bout de la table à droite, Frédérick au milieu, au bout à gauche Hierzen, à côté Blumfield. Ils sont tous assis, riant, chantant, buvant. Stello, seul paraît triste et préoccupé, et ne prend point part aux chants des convives.)

CHOEUR.

AIR *nouveau de M. J. Doche.*

Folie,
Orgie,
Présidez-nous,
Et que l'aurore

A table encore
Nous trouve tous.

FRÉDÉRICK, *se levant une bouteille à la main.*
Coulez à flots, champagne et malvoisie,
A chaque toast je veux faire raison...
Car si demain, amis, je me marie,
Cette nuit-ci je suis encor garçon...

CHOEUR.
Folie,
Orgie, etc.

(*Pendant ce qui précède, les bougies ne donnent plus qu'une clarté mourante, le jour commence à se montrer.*)

WILHEM, *entrant à Frédéric.*
Pardon, monsieur ; mais le jour va paraître.

CHOEUR.
Déjà !

FRÉDÉRICK.
Déjà !

CHOEUR.
Sitôt se séparer !

FRÉDÉRICK.
Un instant... à la ville il faut faire connaître
Que dans la bonne voie enfin je vais rentrer.
Les restes du festin faisons-les disparaître,
Qu'à ma voix sans pitié les assiettes, les plats,
Les flacons en éclats,
Volent par la fenêtre!

(*Aidé de ses compagnons, excepté de Stello, il fait tout voler par la fenêtre, où il se met ensuite, et dit* :
Paisibles habitans, c'est moi,
Moi, Frédérick, qui me marie,
Voilà ma dernière folie,
Et la sagesse enfin sera ma loi.

(*Stello quitte la table et s'assied dans un fauteuil sur l'avant-scène, à gauche.*)

CHOEUR, *sur l'avant-scène pendant que Vilhem aidé d'un autre domestique emporte la table.*
Folie,
Orgie,
Festin joyeux,
Frédérick se marie,
Recevez nos adieux.

(*Stello a toujours l'air préoccupé et triste.*)

FRÉDÉRICK. Nobles amis, je vous charge d'annoncer ma conversion et mon mariage à toutes les dames et à tous les mauvais sujets de Vienne.

HIERZEN. Te voila guéri, mais prends garde à une rechute.

FRÉDÉRICK. J'ai choisi pour cela un médecin trop habile...Est-il rien de plus beau, de plus séduisant que ma noble et jolie fiancée Mathilde de Buldorf ! (*A Stello.*) Mais qu'as-tu donc, cher marquis?.... si triste le jour de mon bonheur !..

STELLO, *avec effort.* Je regrette nos fêtes joyeuses et notre vie indépendante.

FRÉDÉRICK. J'espère bien, mon cher Stello, que tu resteras toujours avec moi, jusqu'à ce que tu te décides aussi à te marier..... Tu connais la douceur de Mlle de Buldorf.... car c'est à Venise, c'est dans ta belle patrie que je la vis pour la première fois... mon amour pour Mathilde... mon amitié pour toi, tout cela me vint au cœur le même jour, et je fus assez heureux pour ramener avec moi en Allemagne la plus belle des fiancées et le plus sincère des amis.

(Il serre la main de Stello.)

HIERZEN. C'est-à-dire que nous, nous ne comptons pas?

FRÉDÉRICK. Vous... c'est autre chose... vous êtes très-aimables, certainement... mais la vertu, la candeur vont aujourd'hui même habiter mon hôtel, et vous avez vraiment des mœurs trop légères.... vous êtes trop connus...

HIERZEN. Et nous en aurions trop à raconter.

FRÉDÉRICK. Avant de nous quitter, réglons nos comptes... Toi, Hierzen, un conseil : apprends à être plus adroit; hier je me suis encore battu pour toi; mais tu conçois que maintenant un homme marié... toi, Blumfield, tu me dois une vingtaine de ducats... comme c'est une dette de jeu, une dette d'honneur... je ne puis pas te dire que je l'oublie... (*présentant sa main fermée*) quitte ou double ?

BLUMFIELD. Pair pour moi.

FRÉDÉRICK. Tu as gagné... (*A part.*) Il y avait impair. (*Les regardant.*) Ah çà! mais dites-moi donc, si je vous ressemble, je dois être laid à faire peur... vous avez tous des mines... voilà pourtant les fruits de l'inconduite.... Décemment je ne puis pas aller au temple dans ce costume, je vais prendre l'air grave et l'habit noir... faites comme moi, mes amis.

CHOEUR.
Adieu, folie,
Festin joyeux, etc.

(*Frédérick sort par la gauche, les convives par le fond.*)

SCENE II.

STELLO, HIERZEN, BLUMFIELD, *bientôt après* WILHEM.

HIERZEN. Pauvre Frédérick !... l'amour lui tourne la tête.

BLUMFIELD. Comme il est content de se marier !

HIERZEN. Je parierais que sa future n'est pas aussi contente.

STELLO. Qui te l'a dit?

HIERZEN. Elle l'épouse.... mais elle ne l'aime pas...

STELLO. Elle l'aime, puisqu'elle l'épouse...

BLUMFIELD. Ton amitié pour Frédérick t'emporte trop loin.

STELLO. Je ne veux pas qu'on dise un mot de lui.

HIERZEN. Qu'est-ce qu'il a donc?... est-ce que tous les Vénitiens sont aussi aimables que toi? Vite, des chevaux... je pars pour Venise.

STELLO. Pas de mauvaises plaisanteries... je ne suis pas d'humeur à les endurer.

HIERZEN. Ma foi, comme tu voudras, cher marquis.

WILHEM, *entrant du fond.* Une jeune personne demande à parler à M. le marquis de Stello...

HIERZEN, *à Blumfield.* Voilà l'explication... il est amoureux.

STELLO, *à Wilhem.* Une jeune personne, dis-tu?

WILHEM. Charmante!

STELLO, *à part.* Ah! mon Dieu... si c'était... (*Haut.*) Qu'elle n'entre pas... je vais moi-même.

HIERZEN. Au contraire... qu'elle entre... Ah! sournois, tu veux nous cacher...

STELLO, *avec force.* Qu'elle n'entre pas, vous dis-je!

WILHEM. Ma foi, monsieur, il n'est plus temps... la voici.

(Il sort.)

SCENE III.

STELLO, SOPHIE, HIERZEN, BLUMFIELD.

SOPHIE, *pâle et défaite.* Monsieur le marquis de Stello? où est-il? (*Regardant autour d'elle.*) Mais je me suis trompée, sans doute.... ce n'est pas ici... l'hôtel du comte Frédérick, où l'on m'avait assuré que je rencontrerais la personne que je cherche.

STELLO, *la prenant à part.* C'est moi.... parlez vite et parlez bas... vous venez de la part..?

SOPHIE. Je viens pour que vous sauviez mon père.

STELLO, *étonné.* Votre père?... quel est son nom?

SOPHIE. Omski, le caissier de la maison Sissemann.

STELLO, *à part, se remettant.* Je m'étais trompé. (*Haut.*) Quoi! mademoiselle, vous êtes la fille de cet homme obligeant dont les ducats sont venus si souvent à mon secours?

SOPHIE. C'est votre tour, aujourd'hui, de venir à son aide... par pitié, payez-le... payez-le à l'instant même... De l'argent pour lui sauver la vie... mais écoutez-moi donc, monsieur... il y a dans sa caisse un déficit de deux mille florins..... et il faut qu'il rende ses comptes aujourd'hui même, ce matin... s'il ne le peut... il se tue.

STELLO. Il m'est impossible de m'acquitter.

SOPHIE. Vous ne m'avez donc pas entendue, monsieur? il se tue, si ceux qu'il a si souvent obligés le forcent à avouer son déshonneur.

BLUMFIELD, *montrant Sophie et Stello.* Je crois que nous sommes de trop ici, mon cher Hierzen.

SOPHIE. Hierzen!.. le baron Hierzen.

HIERZEN. Tiens, elle me connaît!

SOPHIE. Vous aussi, vous devez de l'argent à mon père.... à celui qu'on a surnommé Omski l'honnête homme....

HIERZEN. Je ne dis pas non...

BLUMFIELD. Nous lui en devons tous...

SOPHIE. Oh! alors il est sauvé..... de si nobles seigneurs ne voudront pas causer la mort d'un père de famille.

BLUMFIELD. Sur l'honneur, je n'ai pas un thaler...

HIERZEN. Et je parie, à crédit, qu'à nous tous nous ne ferions pas vingt ducats...désolé, mademoiselle... Venez-vous, messieurs? .. il est temps de nous rendre au temple...

SOPHIE. Arrêtez!... au nom de ce que vous avez de plus cher... empêchez un affreux malheur..... Ah! vous ne savez pas jusqu'où peut pousser la perte d'une dernière espérance.

STELLO. Je le sais, moi.

SOPHIE. Eh bien! venez donc... déchirez les habits de deuil prêts à nous couvrir tous... Soyez nobles par le cœur... comme vous l'êtes par la naissance... Venez! mais venez donc. Rien... rien!.. oh! que je suis malheureuse!.. où faut-il donc prendre des accens pour vous toucher?.. Pitié!.. pitié, messieurs! (*elle tombe à genoux*) me voici à genoux devant vous comme devant Dieu!

SCENE IV.

Les Mêmes, FRÉDÉRICK, *en costume de cérémonie.*

FRÉDÉRICK, *entrant.* Eh bien! qu'y a-t-il donc?

SOPHIE. Monsieur, je ne vous connais pas... mais je m'adresse à vous... N'est-il pas affreux, dites, que de jeunes gentilshommes comblés des bienfaits de mon père refusent de le sauver quand je les implore?.. Ils lui doivent vingt fois ce que je les supplie de me donner... Regardez... ils voient une fille au désespoir, et ils restent muets... mon père veut se tuer, et ils restent insensibles.

FRÉDÉRICK. Se tuer!... et une somme d'argent peut lui sauver la vie?

SOPHIE. L'honneur et la vie.

FRÉDÉRICK. Et combien faut-il?

SOPHIE. Deux mille florins!

FRÉDÉRICK. Deux mille florins.

(Il va au secrétaire et prend quelques rouleaux d'or.)

AIR : *J'en guette un petit de mon âge.*

Voici de l'or!... attendez que je compte...

SOPHIE, *se levant.*

Quoi!... vous, monsieur, que je ne vis jamais....

FRÉDÉRICK.

D'accepter n'ayez pas de honte...
Je ne suis plus de ces mauvais sujets...
J'entre aujourd'hui (la chose est résolue!),
Moi, qui fis si long-temps comme eux,
Dans les maris, les hommes vertueux...
Je veux payer ma bienvenue! (*Bis.*)

(*Il remet à Sophie les rouleaux qu'il tient.*)

SOPHIE, *le regardant comme hébétée.* Ah! ah! (*Elle se jette sur ses mains et les baise avec force.*) Ah! mon père.

(Elle sort en courant.)

SCENE V.

Les Mêmes, *excepté* SOPHIE.

HIERZEN. Est-ce que la petite est devenue folle?

FRÉDÉRICK. Je crois qu'elle est heureuse, voilà tout.... Que m'importe du reste?.. j'ai bien d'autres choses à penser... mes amis, vous savez que le rendez-vous général est au temple.

HIERZEN. Nous te promettons d'être resplendissans de toilette.

FRÉDÉRICK. Surtout, pas de mauvaises plaisanteries, quand vous m'entendrez prononcer le *oui* fortuné... n'allez pas vous moquer d'un homme qui se marie... vous ne savez pas ce qui peut vous arriver un jour.

(Ils sortent.)

SCENE VI.

FRÉDÉRICK, STELLO.

STELLO, *à part, en prenant la droite de la scène.* Mon parti est pris... je ne trahirai pas son amitié.

FRÉDÉRICK. Eh bien! Stello... est-ce que tu ne vas pas te préparer aussi, toi qui dois être mon premier garçon de noces?..

STELLO. Frédérick, je ne suis resté que pour te dire un dernier adieu.

FRÉDÉRICK. Que signifie?..

STELLO. Si tu savais ce que je souffre...

FRÉDÉRICK. Je gage que tu es amoureux... ou bien encore, que tu as reçu un outrage dont tu vas tirer vengeance... Vous autres Vénitiens, vous avez de ces têtes volcanisées!..

STELLO. Venise!.. oui, c'est là que j'ai laissé ma dernière espérance, là... que j'ai laissé tout mon bonheur.

FRÉDÉRICK. Eh bien! alors, ne fais pas le mystérieux comme un membre du conseil des Dix... Ne suis-je plus ton ami, mon cher Stello?

STELLO. Si... (*avec effort*) si.... et je veux que tu le sois toujours.

(Il va pour sortir.)

FRÉDÉRICK, *le retenant.* Où vas-tu?

STELLO. Le sais-je?

FRÉDÉRICK. Ah! tu ne me quitteras pas ainsi... comment! le jour de mon mariage... mon meilleur ami ne serait pas là... pour jouir du spectacle de mon bonheur?..

STELLO. Laisse-moi m'éloigner...

FRÉDÉRICK. Quand je devrais te faire arrêter, tu ne partiras pas... tu m'accompagneras au temple, tu donneras la main à la mariée, tu nous entendras prononcer tous deux le serment si doux d'être à jamais l'un à l'autre.

STELLO. Laisse-moi, te dis-je...

FRÉDÉRICK. Et demain, tu seras le premier à saluer ma belle Mathilde du nom de comtesse de Klingtal.

STELLO, *à part.* Le sort le veut!

FRÉDÉRICK. Qu'as-tu donc?.. ta main tremble dans la mienne!..

STELLO. Si tu connaissais le secret qui pèse sur mon cœur...

FRÉDÉRICK. Eh! allons donc!.. un peu de confiance... dis-moi tes chagrins... tu aimes, conviens-en... oui, j'ai deviné.... sournois... une belle fugitive que t'enlève un mari... un père barbare... C'est peut-être la femme de l'envoyé de Sardaigne, qui est partie brusquement pour Turin.... elle est jolie..... veux-tu ma chaise de poste?

STELLO. Non...

FRÉDÉRICK. Ne vas-tu pas faire des façons?.. Allons, va, je ne te retiens plus... une conquête sur le Piémont, c'est sacré, ça... Ne perds pas un moment... rejoins au grand galop l'objet de tes amours, et donne-moi bientôt de tes nouvelles.

STELLO. Je ne t'écrirai pas.

FRÉDÉRICK. Tu reviendras vite... cela vaudra encore mieux.

STELLO. Pour toi, j'aurais donné jusqu'à la dernière goutte de mon sang... j'aurais voulu ne jamais te quitter... le ciel en ordonne autrement... Adieu, nous ne nous reverrons jamais...

(Il sort vivement.)

SCENE VII.

FRÉDÉRICK, *seul.*

Comment?.. nous ne nous reverrons jamais?.. il est fou!.. Dam... ce pauvre Stello... il n'a pas l'habitude... c'est égal, c'est un heureux coquin... courir après une femme... demain la quitter, et courir après une autre... c'est gentil... Ce n'est peut-être pas aussi amusant que ça le mariage; je suis curieux de savoir à quoi m'en tenir... C'est égal, la journée commence bien... le hasard m'a mis à même d'obliger une jeune fille... était-elle jeune? ma foi, je ne l'ai pas regardée... je ne dois plus maintenant regarder que ma femme. Cette chère Mathilde... elle m'adore, à ce qu'ils disent tous... tiens, pourquoi pas, au fait?.. Je ne dois pas avoir l'air d'un homme qui a passé la nuit, et pour un mari... mais l'heure approche... il ne faut pas que le futur se fasse attendre. (*Il appelle.*) Wilhem!

SCENE VIII.

WILHEM, FRÉDÉRICK.

WILHEM. Que désire monsieur le comte?

FRÉDÉRICK. L'équipage est-il prêt?

WILHEM. Depuis une heure.

FRÉDÉRIC. Il suffit... (*Soupirant.*) Adieu, Wilhem.

WILHEM, *lui donnant son chapeau.* Vous oubliez...

(Il le prend sur le secrétaire.)

FRÉDÉRICK. Il ne reste aucun vestige de l'orgie de cette nuit?

WILHEM. Non, monsieur a bien tout jeté par la fenêtre.

FRÉDÉRICK. Et les appartemens de ma femme?..

WILHEM. Dans un moment, ils seront prêts à recevoir Mme la comtesse.

FRÉDÉRICK. Elle est bien belle, ma femme... hein? aussi, je l'aime... allons, il faut partir... quitter...

WILHEM. La vie de garçon.

FRÉDÉRICK, *soupirant encore.* Adieu, Wilhem.

WILHEM. Ah! j'oubliais... cette jeune fille qui est venue ce matin...

FRÉDÉRICK, *vivement.* C'était une jeune fille?.. je ne m'étais pas trompé.

WILHEM, *indiquant la porte à droite.* Elle est là... dans le petit salon... elle voudrait vous remercier...

FRÉDÉRIC. Eh bien! qu'elle entre.... Non, non, qu'est-ce que j'allais faire!.. au moment où ma femme m'attend... Diable d'habitude, va!.. je ne peux pas m'en défaire... à mon retour.

WILHEM. Mais...

FRÉDÉRICK. Tu vois que j'ai de la peine à quitter l'hôtel, et tu me retiens toujours! Dis donc, Wilhem, quand je reviendrai, que je serai marié... tu me regarderas bien en face, et tu me diras si tu me trouves changé... (*Après un moment d'hésitation, en sortant.*) Adieu, Wilhem...

WILHEM. Bonne chance, monsieur le comte.

(Frédérick sort par le fond.)

SCENE IX.

WILHEM, *puis* SOPHIE.

WILHEM. C'est singulier, ça me fait peur pour lui, le mariage.... heureusement Mlle Mathilde de Buldorf la mariée, est la vertu même... une jeune personne timide, craintive... qui ne dit pas un mot, qui n'ose pas lever les yeux... je suis sûr que ça fera un très-bon ménage...

SOPHIE, *entr'ouvrant la porte.* Puis-je entrer?

WILHEM. Mon Dieu, oui, mademoiselle... mais M. le comte est sorti.

SOPHIE. Sans vouloir m'entendre!.. ah! sans doute il m'en veut... il m'accuse d'ingratitude, moi qui suis partie sans le remercier... sans un mot de reconnaissance. Ah! qu'il me pardonne... j'étais folle.

WILHEM. Le fait est que vous en aviez l'air.

SOPHIE. Oui... à peine m'eut-il donné cet argent... ce trésor qui devait sauver mon père, que je m'élançai en courant à travers la rue, heurtant tout le monde sur mon passage, sur le point à chaque instant de me voir broyée sous les roues des voitures... Je n'avais qu'un but, qu'un désir, qu'une idée, c'était d'arriver... d'arriver vite... ah! c'est le ciel qui m'inspirait... quelques minutes encore... il était trop tard.

WILHEM. Comment cela, ma belle demoiselle?

SOPHIE. Lorsque j'arrivai enfin, haletante, épuisée, respirant à peine, mon père ne m'aperçut pas... il était assis la tête dans ses mains... une lettre achevée, et des armes étaient près de lui.

WILHEM. Des armes!..

SOPHIE. Omski, disait-il, Omski, l'honnête homme déshonoré, après quarante ans d'une vie sans tache... Ingrats que j'ai obligés, pour qui je suis devenu dépositaire infidèle, vous apprendrez que le simple marchand avait aussi son point d'honneur... à ces mots, il prononça tout bas mon nom, comme un adieu, et saisit un de ses pistolets... Ah! vous voyez bien, monsieur, que c'était le ciel qui m'inspirait... Plus prompte que l'éclair, ma main arrête la sienne... et c'est dans mes bras, sur mon cœur, que mon père apprend le nom de l'homme généreux qui lui sauvait l'honneur et la vie... Ah! monsieur Frédérick, pourquoi n'étiez-vous pas là?.. c'eût été votre plus douce récompense.

AIR : *Il me semble encore que*, etc. (de *la Croix d'or*).

Le bon vieillard, tombant à deux genoux...
Levant au ciel ses yeux remplis de larmes...
Noble inconnu, lui demandait pour vous
Des jours heureux... des jours exempts d'alarmes,
Le ciel n'oubliera pas ce vœu...
Car pour qu'il jette un regard sur la terre,
Chaque matin je veux à Dieu
Le rappeler dans ma prière.

WILHEM. Il saura tout cela, ma belle demoiselle... je lui dirai tout cela.

SOPHIE. Et ne pourrai-je le lui dire moi-même?

WILHEM. Aujourd'hui... impossible... vous ne savez donc pas?.. il se marie!..

SOPHIE. Il se marie!.. et sa femme est-elle jolie?.. est-elle digne de lui?.. l'aime-t-elle bien?..

WILHEM. Qui pourrait ne pas l'aimer?.. d'ailleurs une heureuse étoile a toujours présidé à toutes les actions de sa vie.

SOPHIE. Ah! tant mieux, mon Dieu!.. tant mieux!.. mais qu'importe, dès ce jour je suis attachée à lui comme au père qu'il m'a rendu... et si jamais il connaissait le malheur, il aurait là, près de lui... quelqu'un qui soutiendrait son courage... qui lui dirait : Espérez... Je servirais sa femme, que j'aimerais... autant que lui... Ah! mon Dieu!.. mais la joie me rend insensée... M. le comte Frédérick, avoir jamais besoin de moi... oh! non, c'est impossible... ou alors il n'y aurait plus de vertu sur la terre, ni de justice dans le ciel.

WILHEM. Savez-vous que vous m'étonnez?.. moi qui suis habitué au flegme de nos dames allemandes... Mais, pardon, ma belle demoiselle... vous me faites oublier... la cérémonie doit être fort avancée... et tous ces paresseux qui ne viennent pas... il faut que je m'assure si rien ne manque au repas... que je fasse porter dans la chambre de madame les riches présens de M. le comte.

SOPHIE. Oh! laissez-moi voir tout cela, je vous en prie.

SCENE X.

LES MÊMES, DOMESTIQUES *de l'hôtel*, HOMMES *et* FEMMES ; *deux de celles-ci portent des cartons, d'autres portent des fleurs, etc.*

CHOEUR.

AIR *de J. Doche.*

Ah! quel bonheur! ah! quelle ivresse!
Offrons tous, en ce beau jour,
A la nouvelle comtesse
Et nos vœux et notre amour.

WILHEM, *au cuisinier.*

Tout sera-t-il bien prêt, au retour de l'autel?

LE CUISINIER.

Je me suis surpassé, j'ai détrôné Vatel.

WILHEM, *aux femmes.*

Vous, chez madame la comtesse,
Notre belle et noble maîtresse,
Portez ces riches présens!
Mais attendez! c'est bien lui que j'entends!
Des mariés c'est l'équipage;
Que mes ordres soient observés...
Aux deux époux offrez l'hommage,
L'hommage que vous leur devez.

(*Tous les domestiques se rangent; Wilhem se place en avant.*)

SCENE XI.

LES MÊMES, FRÉDÉRICK, SOPHIE.

FRÉDÉRICK, *pâle et furieux.*

Que faites-vous ici?

WILHEM.

Mais nous venions, mon maître...

FRÉDÉRICK.

Allons, allons, sortez...

WILHEM, *hésitant.*

Notre zèle éprouvé;
A vos ordres soumis, je leur ai fait connaître...

SOPHIE, *à part.*

Hélas! hélas! qu'est-il donc arrivé?

CHOEUR, *à mi-voix.*

Pour un jour de mariage,
Jour de joie et de bonheur,
Ah! quel funeste présage!
D'où peut, hélas! venir sa fureur?

(*Ils s'éloignent tout consternés.*)

FRÉDÉRICK. Wilhem!

WILHEM, *s'arrêtant.* Monsieur le comte?

FRÉDÉRICK. Que l'on coure chez Stello... qu'on lui dise que Frédérick est malheureux... il viendra sur-le-champ.

WILHEM. Oui, monsieur le comte.

(Il sort.)

SCENE XII.

FRÉDERICK, SOPHIE, *au fond.*

FRÉDÉRICK. C'est le seul ami qui me reste... il ne m'abandonnera pas, lui! (*Apercevant Sophie.*) Qui êtes-vous? Que voulez-vous?

SOPHIE, *tremblant.* Je venais...

FRÉDÉRICK. Pour épier l'effet que le malheur produisait sur moi.

SOPHIE. Vous êtes malheureux!

FRÉDÉRICK. Eh bien! vous pouvez leur dire que je n'y survivrai pas.

SOPHIE. L'ai-je bien entendu? vous êtes malheureux!

FRÉDÉRICK. Ou plutôt, non... Dites-lui que je suis heureux, que je ne l'aime pas, que je ne l'ai jamais aimée. O mon Dieu!

SOPHIE. D'où vient cet égarement?

FRÉDÉRICK. Vous êtes encore ici?

SOPHIE. N'avez-vous pas sauvé mon père, ce matin..? Je venais...

FRÉDÉRICK, *s'asseyant à gauche.* Eh! je le connais pas... Me laisserez-vous à la fin?

SOPHIE. Oui, oui, monsieur le comte, je m'en vais.

(Elle va au fond, où elle s'arrête.)

FRÉDÉRICK, *à lui-même.* Rassemblons mes idées... Oui, c'est bien ainsi que tout s'est passé... J'arrive à l'hôtel de Buldorf!.. un air de tristesse, d'embarras, est empreint sur tous les visages... Je vais pour descendre de voiture... on me remet cette lettre, cette lettre fatale.

SOPHIE, *à part.* Que dit-il donc?

FRÉDÉRICK, *prenant la lettre froissée.* Et elle a osé la tracer! (*Il lit.*) « Monsieur le » comte, je suis bien coupable envers vous, » mais je n'ai pas osé vous dire le secret » de mon cœur. »

SOPHIE, *s'approchant sur la pointe du pied.* C'est mal d'écouter... mais il a l'air si à plaindre...

FRÉDÉRICK, *continuant.* « J'en aimais » un autre... l'ordre cruel de ma famille, » ne me laissait que le malheur ou la fuite; » j'ai suivi l'homme que j'aimais, auquel » j'avais promis ma foi...» Malédiction!

SOPHIE, *effrayée, et reculant.* Ah! mon Dieu! il me fait peur.

FRÉDÉRICK. Mais viens donc, Stello.... Une voix secrète ne te dit-elle pas que je suis trahi, abandonné? Viens, tu soutiendras mon courage... tu me diras : Ne la pleure pas... elle est indigne de toi... Mais viens donc!

SCENE XIII.

LES MÊMES, WILHEM.

FRÉDÉRICK. Eh bien, Wilhem! et Stello?

WILHEM. Il est parti, monsieur.

FRÉDÉRICK. Parti? quand j'avais tant besoin de son amitié.

WILHEM, *hésitant.* C'est que... je voulais dire à monsieur le comte...

FRÉDÉRICK. Quoi?

WILHEM. M. le marquis est bien parti, mais...

FRÉDÉRICK. Achève.

WILHEM. Il n'était pas seul.

FRÉDÉRICK. Oh! je le sais.

WILHEM. Quoi! mon bon maître, vous savez que c'est avec Mlle Mathilde?

(Sophie fait un mouvement.)

FRÉDÉRICK. Avec Mathilde!.. Tu mens, tu mens... Mais non, la vérité m'éclaire... l'infâme!.. oh! je veux vivre à présent, je veux vivre pour me venger. (*A Wilhem.*) Laissez-moi.

WILHEM. Dans un tel état?

FRÉDÉRICK. Voulez-vous que je rougisse devant vous?.. Sortez!.. oh! sortez! Vous ne savez pas de quoi je suis capable!

(Wilhem sort effrayé.)

SOPHIE, *à part.* Ah! il me tuera s'il veut, je reste.

SCENE XIV.

FRÉDÉRIC, SOPHIE.

FRÉDÉRICK. Stello! mon meilleur ami! ah! c'en est trop... malheureux que je suis!.. (*Il tombe sur un fauteuil, à gauche.*) Mathilde! (*Il pleure avec rage.*) Stello!.. à qui me fier désormais?.. pas un ami... pas un être dans le sein duquel je puisse épancher mon ame... seul!.. seul au monde.

(Il est accablé.)

SOPHIE, *à part.* Seul!.. Non! comte Frédérick, tu ne resteras pas seul.

(Elle chante à mi-voix; pendant ce temps l'orchestre joue en sourdine.)

AIR *de Sarah.*

Sauveur de mon père,
Ton sort est le mien...
Je serai sur terre
Ton ange gardien.

(*Elle sort sur le pianissimo de l'orchestre.*)

ACTE DEUXIÈME.

Le théâtre représente la place de la maison de jeu, à Bade ; la maison est à droite. Le théâtre est planté d'arbres. Il fait nuit, la maison de jeu est éclairée. A gauche, la maison de Wormsler. Le fond est traversé par une allée d'arbres.

SCENE PREMIERE.

SOPHIE *seule, en costume d'étudiant allemand.*

(Elle regarde, la figure appuyée contre le vitrage, tout ce qui se passe dans la salle où l'on joue.)

Il est resté au jeu toute la nuit sans que sa figure ait trahi la moindre émotion!.. O mon Dieu!.. est-ce qu'il sera toujours triste comme ça?

(Venant en scène.)

AIR *d'Aristippe.*

A son destin j'ai dévoué ma vie,
Et nuit et jour sur lui je veillerai.
Son existence est celle de Sophie,
S'il vit heureux, heureuse je vivrai,
Et sans regret, s'il meurt, moi je mourrai...
Lorsque chacun refusait de m'entendre,
Mon père a dû l'honneur à ses bienfaits;
L'or quil donna, si je ne puis le rendre,
J'en veux au moins payer les intérêts.

(*Elle retourne au vitrage.*)

Avec quelle insouciance il jette sur le tapis des poignées d'or... mais, depuis un instant, je crois m'apercevoir... oui, on fait des signes derrière lui... on le vole. (*L'appelant.*) Monsieur le comte, on vous trompe!.. Insensée!.. comment faire pour le prévenir?.. Quelqu'un...

SCENE II.

KRETTLE, *une lanterne à la main*, SOPHIE, *cachée.*

KRETTLE.

AIR : *Toi qui voyages la nuit.* (De J. Doche.)

On a peur de tout la nuit...
Quand on est gentille,
Oui, le silence ou le bruit,
Tout fait peur la nuit!
L'arbre qui frémit,
L'étoile qui brille...
Le ver qui luit,
Le vent qui bruit.

(*Montrant sa lanterne.*)

Sa lumière pâle et terne,
Je crois, me fait peur aussi;
Pourtant, avec ma lanterne,
Si je trouvais un mari...
Je ne dirais plus, ici,
On a peur de tout la nuit, etc.

SOPHIE, *à part, en rentrant.* Si j'osais prier cette jeune fille...

KRETTLE, *effrayée.* Ah! mon Dieu!.. qui est-ce qui est là?..

SOPHIE. Ne craignez rien... je ne veux pas vous faire de mal.

KRETTLE. Il me semble qu'il a une grosse voix!..

SOPHIE. Je voulais vous prier...

KRETTLE. Ne m'approchez pas. Que je voie avant à qui j'ai affaire... (*Mettant sa lanterne près de la figure de Sophie.*) Ah!.. comme il est gentil!.. (*Haut.*) Qu'est-ce qu'il y a pour votre service?.. parlez!..

SOPHIE. Vous paraissiez vous diriger vers le salon de jeu...

KRETTLE. Oui, monsieur l'étudiant... de jeu et de danse... car on danse et on joue beaucoup aux eaux de Bade... Mon maître, le conseiller de Wurmsler, commissaire-général de la police, m'a dit de venir le chercher un peu avant cinq heures, et d'apporter la mante de sa fille, mademoiselle Émeline... qui est avec son prétendu... un grand mince, mince, mince...

SOPHIE. Eh bien! par grâce... voulez-vous en même temps dire à ce jeune homme... tenez!.. là-bas...

KRETTLE, *regardant.* Ah!.. oui... avec des petites moustaches... un peu pâle... ça ne l'empêche pas d'être gentil... ce n'est pas le même genre de figure que la vôtre... vous êtes plus...

SOPHIE. Voulez-vous lui dire que quelqu'un voudrait lui parler à l'instant?..

KRETTLE, *allant jusqu'à la porte de la maison.* Avec plaisir... comment donc!.. (*Revenant.*) Y a-t-il long-temps que vous êtes à Bade, monsieur l'étudiant?..

SOPHIE. Vite!.. vite... c'est très-pressé...

KRETTLE. J'y cours!.. j'y cours... (*A part, en montant le perron de la maison.*) Comme il est gentil!.. comme il est gentil!..

(Elle entre dans la maison, la porte vitrée se referme.)

SOPHIE, *à elle-même.* Dans l'état d'esprit où il est... tous ces chevaliers d'industrie peuvent le ruiner en une seule nuit... (*Au vitrage.*) Ah!.. cette jeune fille s'approche de lui, elle lui parle... Quel air d'impatience de la part du comte!.. elle insiste... il cède avec colère... il vient!.. O mon Dieu!... j'ai peur... que vais-je lui dire?..

SCENE III.

SOPHIE, FRÉDÉRICK.

(Pendant cette scène le jour vient peu à peu.)

FRÉDÉRICK, *entrant avec humeur.* Qui peut me demander ici?.. je ne suis à Bade que depuis hier, je n'y connais... je n'y veux connaître personne...

SOPHIE, *timidement.* Monsieur... c'est moi qui...

FRÉDÉRICK, *brusquement.* Eh bien! que voulez-vous?

SOPHIE. Monsieur... j'ai cru m'apercevoir qu'au jeu... l'on vous trompait...

FRÉDÉRICK. Que vous importe?..

SOPHIE, *reculant et timidement.* Pardon... monsieur...

FRÉDÉRICK, *la regardant de plus près.* Mais... attendez donc... ces traits... oui!.. ce n'est pas la première fois que nous nous voyons...

SOPHIE, *à part.* Ah!.. mon Dieu!.. il me reconnaît...

FRÉDÉRICK. N'étiez-vous pas il y a quelques jours à Munich... lorsque... distrait, j'allais être foulé aux pieds d'un cheval emporté?..

SOPHIE, *qui a réprimé un mouvement.* Je n'ai jamais été à Munich!.. (*A part.*) Ce n'est pas Sophie qu'il reconnaît.

FRÉDÉRICK. Cependant il me semble... et à Stuttgard... lorsque menacé d'une arrestation... pour avoir parlé trop librement d'un ministre puissant... cet avis secret donné à mon hôtel et qui précéda de quelques heures les agens de l'autorité, n'était-il pas venu de vous?.. les renseignemens que je recueillis sur la personne...

SOPHIE. Je ne connais pas Stuttgard...

FRÉDÉRICK. Alors, c'est différent... merci toujours de votre avertissement... et adieu.

SOPHIE. Mais, comte Frédérick...

FRÉDÉRICK. Je ne suis pas comte... je ne m'appelle pas Frédérick.

SOPHIE. Comte Frédérick de Klingtal...

FRÉDÉRICK, *bas.* Qui donc êtes-vous... vous qui me connaissez?..

SOPHIE. Une personne qui sait combien votre cœur est généreux.

FRÉDÉRICK. Ah! oui... un jeune homme de Vienne, sans doute... de cette ville, où l'on rit de moi qui fus insulté et n'ai pu me venger... Tenez, rien que d'y penser... c'est à me rendre fou de rage et de désespoir... Ah! Stello... Stello!.. je consentirais à ne vivre qu'un jour... pourvu que ce jour fût celui de ta mort... Allez... allez leur dire aux habitans de Vienne que je l'ai cherché partout... et que partout l'infâme a su éviter ma présence...

SOPHIE. A de pareils malheurs n'est-il aucune consolation?..

FRÉDÉRICK. J'ai essayé de tout!.. j'ai fait le bien... le mal... j'ai joué ma vie dans une conspiration... j'ai tenté les entreprises les plus folles... rien n'y a fait... Un tapis vert, m'avait-on dit..... est plein d'émotions, de joie... de colère... j'y ai jeté l'or à pleines mains... j'espérais perdre... me ruiner... et retrouver par là un sentiment dans mon cœur... eh bien!.. j'ai toujours gagné... Dans le monde c'est à qui veut m'avoir... un Wormsler que je ne connais pas, qui me jette sa fille à la tête!..

SOPHIE. Pas si haut, monsieur le comte... vous voyez bien qu'on nous écoute!..

SCENE IV.

LES MÊMES, UN CHASSEUR.

(Il est entré sur la fin de la scène précédente.)

LE CHASSEUR, *à part.* C'est bien le jeune seigneur qu'on m'a désigné... oui... le costume... l'âge... la tournure... (*S'approchant.*) Monsieur le comte...

SOPHIE, *inquiète.* Quel est cet homme?..

FRÉDÉRICK, *étonné.* Monsieur le comte!.. (*A part.*) Tout le monde me connaît donc ici?..

LE CHASSEUR. Voici un billet qu'on m'a chargé de vous remettre en secret.

FRÉDÉRICK. Vous vous trompez...

LE CHASSEUR. Non, comte Frédérick...

FRÉDÉRICK. Donne... donne et attends...

(Le chasseur se retire au fond.)

SOPHIE, *à part.* Je ne sais pourquoi je suis toute tremblante...

FRÉDÉRICK, *lisant.* « Si monsieur le » comte Frédérick veut se rendre dans la » deuxième ruelle à côté de la maison de » jeu, et suivre les yeux bandés le porteur » de ce billet... » (*il s'anime*) « on lui » donnera des nouvelles du marquis de » Stello. » Des nouvelles de Stello!..

SOPHIE, *à part.* Comme il est agité!..

FRÉDÉRICK, *à lui-même.* C'est un piége, peut-être... mais que m'importe?.. Pour le revoir ce traître, pour le rencontrer... j'irais jusqu'en enfer... (*Au domestique qui s'est rapproché.*) Je te suis!..

SOPHIE. Vous me quittez!..

FRÉDÉRICK. Nous nous reverrons, je l'espère. Car vous ne m'avez pas tout dit, j'en suis sûr, mais nous ferons plus ample connaissance... et vous verrez que je ne suis pas toujours brusque... bourru...

LE CHASSEUR. Monsieur le comte...

FRÉDÉRICK. Viens... viens!.. ne perdons pas un instant.

(Ils sortent à droite.)

SCENE V.

SOPHIE, *puis* KRETTLE.

SOPHIE, *seule.* Pourquoi cette lettre mystérieuse a-t-elle produit sur lui un effet magique?.. le sourire a reparu sur ses lèvres, il était presque gai... quelque aventure d'amour. (*Avec joie.*) Ah! si ce pouvait être... si son cœur pouvait s'ouvrir à un nouveau sentiment! il oublierait cette Mathilde qui fut si coupable envers lui... Il se marierait, il serait heureux, et moi, sans me faire connaître, je disparaîtrais à ses yeux, le jour même de son bonheur, car je n'aurais plus de vœux à former... plus de devoirs à remplir... Il va me revoir, a-t-il dit... Ah! veillons bien à ce qu'il ne puisse concevoir de nouveaux soupçons... et puisqu'il m'a fallu, pour remplir la mission que je me suis imposée, quitter les habits de mon sexe, attachons-nous à ce qu'on ne puisse voir en moi que le ton et les manières d'un étudiant.

KRETTLE, *sortant de la maison de jeu.* Tiens, vous êtes encore ici?

SOPHIE, *à part.* Cette jeune fille... elle sait peut-être...

KRETTLE. Est-ce que vous m'attendiez?

SOPHIE. Oui, pour vous remercier.

KRETTLE. A la bonne heure, c'est galant, ça... (*A part.*) C'est dommage qu'il n'ait pas de barbe...

SOPHIE. Pour vous remercier et causer un moment.

KRETTLE. Causer... Ah! que c'est malheureux que je n'aie pas le temps... Enfin dites toujours. (*A part.*) C'est étonnant comme les favoris lui iraient bien...

SOPHIE, *hésitant.* Ce jeune comte étranger auquel vous venez de parler... que pense-t-on à Bade... de ses aventures, de ses amours?..

KRETTLE. De ses amours... Ce jeune homme-là... mais c'est un véritable ours, qui ne parle à personne...(*Mouvement de Sophie*) qui n'a jamais adressé un mot aimable à une dame ou à une demoiselle... et cependant il y a encore à Bade quelques figures qui en valent la peine.... d'abord...

SOPHIE. Vous, n'est-ce pas?

KRETTLE. Tiens... certainement, ensuite mademoiselle Émeline, ma maîtresse... et puis une belle marquise dont le mari est très-jaloux... enfin il a des chances...

SOPHIE. Ainsi vous êtes sûre....

KRETTLE. Aussi sûre que j'ai un oncle bourgmestre, qui doit me laisser, sur son testament, une bonne dot pour m'acheter un joli petit mari...

SOPHIE, *à part.* Je me suis trompée... il n'aime pas... mais pourquoi donc était-il si joyeux?

KRETTLE. Ah! j'entends monsieur et mademoiselle... Je me sauve... On m'appellerait bavarde, moi qui ne parle jamais. Adieu, monsieur l'étudiant; nous nous reverrons... Je m'appelle Krettle, et je n'ai pas dix-huit ans... nous nous reverrons...

(Elle sort, à gauche, chez Wormsler, en courant. Toute la société de la maison de jeu sort, et les personnages arrivent successivement.)

SCENE VI.

SOPHIE, WORMSLER, ÉMELINE, BRAMBERG, TOUTE LA SOCIÉTÉ (*Hommes et Femmes*), *puis* STELLO.

(Pendant le chœur suivant, Sophie examine tout le monde.)

CHOEUR.

AIR *de J. Doche*

Gais joueurs, bons camarades,
Chantons ici la gaîté...
Quel séjour pour les malades
Qui sont en bonne santé!...

WORMSLER, *à Stello, qui entre par la gauche.*) Salut au marquis de Stello.

SOPHIE, *à part, à gauche, cachée derrière une colonne de la maison de Wormsler.* Grand Dieu! Stello à Bade... Ah! je devine maintenant le sujet de votre joie, comte Frédérick.

ÉMELINE, *au marquis.* Sitôt de retour de votre voyage?.. mais c'est charmant.

STELLO. Une affaire imprévue. (*A part.*) Quel tourment que la jalousie!

ÉMELINE. Il paraît du reste que Mme la marquise perd jusqu'au sommeil pendant votre absence, car il y a eu de la lumière toute la nuit dans la jolie maison isolée de la seconde ruelle.

(Elle l'indique.)

STELLO. De la lumière... (*Se reprenant.*) Oh! l'on se sera trompé.

SOPHIE, *à part.* Plus de doute! c'est là qu'il a été appelé... ils sont perdus s'il les surprend ensemble.

(Elle sort vivement par le fond, à droite.)

SCENE VII.

WORMSLER, STELLO, ÉMELINE, BRAMBERG, TOUTE LA SOCIÉTÉ.

STELLO. La marquise a peut-être été indisposée, permettez que je la rejoigne.

WORMSLER, *le retenant.* A condition que vous nous la ramènerez, et qu'elle daignera assister avec vous au grand dîner que je donne avant de quitter les eaux. Nous aurons très-bonne compagnie.

ÉMELINE. Et nouvelle pour vous, car mon père a invité le jeune et mystérieux étranger.

STELLO. Quel étranger?

WORMSLER. Un voyageur arrivé pendant votre absence, et qui veut garder le plus strict incognito.

STELLO. Ainsi, l'on ne sait pas son nom?

WORMSLER. Il ne l'a dit à personne... mais on connaît ses aventures... oui, oui. J'ai pris des informations, moi, commissaire-général de la police, et il en est résulté qu'on ignore complètement ce qu'il est; du reste, un jeune homme charmant.

BRAMBERG, *à Emeline.* Comme moi, mademoiselle.

(Emeline fait un mouvement d'impatience.)

WORMSLER. Mais qu'avez-vous donc, marquis?

STELLO. Rien, rien, je vous jure; mais j'oublie auprès de vous ma chère marquise; je vais la consulter, et, si elle y consent, je vous promets de vous l'amener. (*Il salue; à part.*) Ah! quel mystère! je vais m'assurer moi-même, et s'il est vrai... avant une heure nous aurons quitté Bade.

(Il sort à droite.)

WORMSLER. A demain, marquis, entendez-vous?

TOUS. A demain!

REPRISE DU CHOEUR.

(Tout le monde s'éloigne de différens côtés.)

SCENE VIII.

ÉMELINE, WORMSLER, BRAMBERG, *puis* KRETTLE.

ÉMELINE, *rêveuse.* Ce jeune étranger, il a été trompé, trahi sans doute. Ah! c'est bien mal! lui si distingué, si bien né!.... (*Elle regarde Bramberg.*) Il est mieux que mon futur.

BRAMBERG. Plaît-il?

ÉMELINE, *avec malice.* Je m'occupais de vous; je vous comparais à ce jeune homme.

BRAMBERG. Ah! vous êtes trop bonne.

ÉMELINE. Mais non, pas trop.

WORMSLER. As-tu remarqué, ma fille, comme le marquis s'est troublé?

ÉMELINE. Il est si jaloux!

WORMSLER. Je le répète, il est charmant ce jeune étranger, n'est-ce pas? (*Bramberg fait signe que non, Emeline fait signe que oui.*) Je suis enchanté que vous soyez tous deux de mon avis, car je veux cultiver sa connaissance.

BRAMBERG. Baron!

WORMSLER. Ah! soyez tranquille; que pourriez-vous redouter?

AIR : *Un page aimait la jeune Adèle.*

De vous, mon cher, ma fille est folle...

ÉMELINE, *riant.*

Mais, mon père, c'est une erreur.

BRAMBERG.

Non.

ÉMELINE.

Si.

WORMSLER.

Qu'importe? il a notre parole...
Nous, diplomate et presque ambassadeur...
Ne craignez pas qu'ici je la renie;
Car, dans ce siècle où règne la candeur,
On sait que la diplomatie
N'a qu'une parole d'honneur.

ÉMELINE, *regardant en dehors.* Mon père, mon père, le voilà.

TOUS DEUX. Qui?

ÉMELINE. Eh bien! mais...... ce jeune homme?..

BRAMBERG. Il a l'air triste, rêveur... Ne soyons pas indiscrets...

ÉMELINE. Mais, au contraire, il est vif, animé.

KRETTLE, *entrant.* Monsieur le baron, une estafette arrive à l'instant... avec des dépêches.

WORMSLER. Une estafette?.. Rentrons, rentrons: la police avant tout.

(Il rentre.)

ÉMELINE. Voyez donc, monsieur Bramberg, comme il a l'air intéressant.

BRAMBERG. Je ne suis pas de votre opinion.

ÉMELINE. Vous êtes insupportable!

(Elle rentre chez son père, Bramberg la suit.)

KRETTLE, *montrant Bramberg.* Quelle tournure pour un prétendu! Il est si serré, dans sa ceinture, que j'ai toujours peur qu'il ne se casse en deux. (*Frédérick entre du fond à droite.*) Je suis comme mademoiselle, j'aime mieux l'autre.

(Elle rentre chez Wormsler.)

FRÉDÉRICK, *tenant une écharpe.* Cette lettre était d'une femme! et il m'a fallu la quitter brusquement sans la connaître! (*Montrant l'écharpe.*) Tissu léger, à qui appartiens-tu?... A une femme mariée, j'en suis sûr : car j'ai bien entendu une voix me crier : Le mari !... Quel est l'ami généreux qui m'a soustrait à la fureur d'un jaloux?

SCENE IX.

FRÉDÉRICK, SOPHIE.

SOPHIE, *qui a paru au fond.* C'est moi, comte Frédérick.

FRÉDÉRICK. J'aurais dû m'en douter... Ah çà! vous êtes donc un être envoyé du ciel?

SOPHIE. Peut-être!... Mais que vous est-il arrivé?

FRÉDÉRICK. Parvenu au bout de la ruelle avec ce domestique, je me laisse complaisamment couvrir les yeux d'un bandeau. On me conduit dans un appartement.... Ma première question fut.... Stello!... Car, voyez-vous, dans le billet on me promettait de ses nouvelles... Mais j'entends une femme sangloter... A toutes mes questions elle ne répond que par des pleurs... Je crois même qu'elle va se jeter à mes pieds. J'oublie presque le motif de ma visite... je la retiens... je la presse déjà dans mes bras.... lorsqu'à la porte j'entends ces mots : *Le mari!*.. prononcés par vous, à ce qu'il paraît... A ce nom effrayant, le domestique me pousse dehors... J'ôte mon bandeau... et je me trouve dans la rue, étourdi de l'aventure, rassemblant mes idées, et me perdant dans mes conjectures.

SOPHIE, *à part.* Il ne sait pas quelle est cette femme.

FRÉDÉRICK. Ah çà! j'espère que vous allez me dire quel est l'époux infortuné...

SOPHIE. C'est un nom que je ne puis prononcer...

FRÉDÉRICK. Encore du mystère... Ah çà! qui diable êtes-vous donc?..

SOPHIE. Un ami!

FRÉDÉRICK. Eh bien! je veux savoir enfin qui j'ai pour ami.

SOPHIE. Et si je ne pouvais vous le dire?..

FRÉDÉRICK. Alors je croirais que, sous le voile de l'amitié...

SOPHIE. N'achevez pas!.. je parlerai... Vous rappelez-vous?.... Pardon, si j'ose vous entretenir du jour de votre mariage.

FRÉDÉRICK. En effet... c'est un souvenir...

SOPHIE. Ce jour-là la fille du caissier Omski vint implorer votre secours...

FRÉDÉRICK. Oui... je m'en souviens... Une charmante personne...

SOPHIE, *baissant les yeux.* C'était ma sœur...

FRÉDÉRICK. Elle était bien jolie.

SOPHIE. Quelque temps après mon père mourut... mais il mourut honoré et en vous bénissant... et alors... je restai..... nous restâmes seuls sur la terre.

FRÉDÉRICK. Et... votre sœur?

SOPHIE. Avant peu... elle aura pris le voile... mais c'est à sa pensée que j'ai obéi en vous consacrant mon existence... Parti de Vienne presque en même temps que vous, je m'attachai à vos pas... A Munich, à Stuttgard, je vous suivis partout... partout, je me plaçai entre vous et le désespoir... Souvent, hélas! je crus que la force allait me manquer, mais jamais le courage... car un sentiment me soutenait : le souvenir de tous vos bienfaits, et le serment que j'avais fait sur la tombe de mon père.

FRÉDÉRICK. Ainsi donc... il est encore des cœurs nobles et reconnaissans... Ah! reste toujours près de moi, toi qui me rends toutes mes illusions... Il me semble, rien qu'en te parlant, que je retrouve déjà cette gaîté insouciante qui a fait s'écouler si promptement les plus belles années de ma vie...

SOPHIE. Vous n'êtes donc plus si malheureux?

FRÉDÉRICK. Vous!.. qu'est-ce que c'est que ça? j'entends que tu me tutoies désormais.

SOPHIE. Oh! je n'oserai pas.

FRÉDÉRICK. Comme tu voudras... mais tu es mon ami... mon ami véritable.

SOPHIE. Je le jure!

FRÉDÉRICK. Pas de sermens!.. embrassons-nous... ça vaudra beaucoup mieux... (*Il lui tend les bras, Sophie recule.*) Eh bien! est-ce que tu ne veux pas de mon amitié?

SOPHIE, *à part.* Si j'hésite... il soupçonnera la vérité.

(Elle s'approche avec crainte.)

FRÉDÉRICK. Eh! à la bonne heure.

(Il l'embrasse.)

SOPHIE, *à part.* O mon père!..... pardonne-moi.

FRÉDÉRICK. Maintenant, entre nous... c'est à la vie, à la mort, mon vieil ami!.. A propos, comment t'appelles-tu, mon vieil ami?

SOPHIE. Victorin.

FRÉDÉRICK. As-tu une maîtresse?

SOPHIE. Si jeune!

FRÉDÉRICK. J'ai bien commencé à quinze ans, moi qui te parle.

SOPHIE, *à part.* Dieu!.. comme sa gaîté lui revient.. il me fait peur.

FRÉDÉRICK. C'était avec la plus jolie petite femme.

SOPHIE, *vivement.* Oh! je vous en prie... ne parlons pas de ça.

FRÉDÉRICK. Soit!... parlons raison... Sais-tu te battre?

SOPHIE. Non...

FRÉDÉRICK. Quoi!.. tu n'as jamais tenu une épée?

SOPHIE. Oh! ça pique trop.

FRÉDÉRICK. Ah çà! mais... c'est une demoiselle, ce garçon-là... qui diable a fait son éducation?.. Je te formerai, Victorin... tu as besoin d'un homme sage... d'un mentor.

SOPHIE. Un de nous deux en a besoin, comte Frédérick.

FRÉDÉRICK. Moi, peut-être?

SOPHIE. Oui...

FRÉDÉRICK. C'est possible!.. Au fait, ça m'éviterait la peine de réfléchir... Eh bien! ce mentor qui me manque... veux-tu l'être, toi?

SOPHIE. Si vous me promettiez de m'obéir!...

FRÉDÉRICK. Aveuglément.

SOPHIE. Je vous préviens que je suis très-exigeant.

FRÉDÉRICK. Mets-moi à l'épreuve.

SOPHIE, *à part.* Si je pouvais le décider à partir... et l'éloigner de Stello.

FRÉDÉRICK. Allons, voyons.

SOPHIE. Eh bien! il faut quitter Bade à l'instant même.

FRÉDÉRICK, *étonné.* Pourquoi donc?

SOPHIE. Il me semble qu'un mentor ne doit pas de comptes à son élève.

FRÉDÉRICK. C'est juste! nous partirons demain... après-demain.

SOPHIE. Non, aujourd'hui, tout le monde quitte Bade, M. Wormsler, Mlle Emeline vont partir pour Berlin.

FRÉDÉRICK. Ah! Mlle Emeline aussi.... elle est charmante.

SOPHIE. Vous trouvez?...

FRÉDÉRICK. Certainement qu'elle est charmante... mais ma voiture?

SOPHIE. Elle sera prête dans un moment.

FRÉDÉRICK. C'est que, tu conçois, maintenant que je suis plus gai... je voudrais bien savoir quelle est la dame inconnue.

SOPHIE. Je ne le veux pas.

FRÉDÉRICK. La dame au rendez-vous, à l'écharpe.

SOPHIE. Je ne le veux pas.

FRÉDÉRICK. Car j'ai saisi une écharpe.

SOPHIE. Je ne le veux pas.

FRÉDÉRICK. Comment... des vouloirs.

SOPHIE. Oh! j'en aurai bien d'autres... d'abord je veux que vous ne soyez plus querelleur.

FRÉDÉRICK. Il est charmant! (*Avec soumission.*) Mentor, je ne le serai plus.

SOPHIE. Je veux que vous ne conserviez plus aucun souvenir de Vienne.

FRÉDÉRICK. Je crois que je n'en veux même plus à Mathilde.

SOPHIE. A la bonne heure... c'est gentil cela, je suis content, très-content.

(Elle lui donne gravement la main.)

FRÉDÉRICK. Quant à Stello... oh! cela.. c'est différent... si jamais...

SOPHIE. Plaignez-le plutôt.. N'a-t-il pas une mauvaise action à se reprocher?

FRÉDÉRICK. Oh! non, cette insulte...

SOPHIE, *frappant du pied.* Je vous ai dit que je ne le voulais pas.

FRÉDÉRICK, Allons... (*S'arrêtant.*) J'aurais pourtant bien voulu savoir quelle est la dame à l'écharpe.

SOPHIE, *frappant encore du pied.* Ah!... nous allons nous fâcher.

FRÉDÉRICK. Partons.

(Ils vont pour sortir, Stello paraît au fond, à droite, dans l'allée d'arbres.)

SCENE X.

SOPHIE, FRÉDÉRICK, STELLO.

STELLO, *il se trouve en ce moment face à face avec Frédérick, qu'il reconnaît.* Frédérick!...

FRÉDÉRICK, *même jeu.* Stello!... Ah!

SOPHIE, *à part.* Tout est perdu!

FRÉDÉRICK, *après un regard de fureur échangé avec Stello.* Votre heure, marquis! vos armes... et le lieu du rendez-vous?

SOPHIE. O mon Dieu!...

STELLO, *froidement.* Le sort a donc trompé tous mes calculs... Depuis un an j'avais réussi à éviter sa présence... et je me trouve en face de celui que j'ai si cruellement offensé.

FRÉDÉRICK, *qui l'a écouté avec impatience.* Votre heure, marquis... votre heure et vos armes?

STELLO, *avec fermeté.* Frédérick, je ne me battrai pas contre toi.

SOPHIE, *à part.* Ah!

FRÉDÉRICK. Tu te battras... ou je te tuerai.

STELLO. Eh bien! tu me tueras... car je ne me battrai pas.

FRÉDÉRICK. Lâche!

STELLO, *après un mouvement qu'il réprime aussitôt.* Tu me connais trop pour le penser... ne cherche pas à m'irriter... Tu veux te venger, Frédérick... eh bien! sois satisfait... ta vengeance a déjà commencée... je suis le plus malheureux des hommes.

SOPHIE, *à Frédérick.* Puisqu'il est malheureux!

FRÉDÉRICK, *avec joie.* T'aurait-elle trompé aussi?

STELLO. Oh! non, de par le ciel... mais la jalousie... l'affreuse jalousie... déchire mon ame.

FRÉDÉRICK. N'est-ce pas que cela fait bien souffrir?

STELLO. C'est un supplice continuel... à chaque instant je tremble pour mon amour. Par sa beauté, par ses talens, ma femme était faite pour briller dans le monde... eh bien! j'ai forcé Mathilde...

FRÉDÉRICK. Ne prononce pas ce nom.

STELLO. J'ai forcé la marquise à vivre seule dans cette petite maison isolée qu'on voit d'ici.

FRÉDÉRICK, *à lui-même.* Quoi! au bout de la seconde ruelle...

STELLO. Si je la quitte... je meurs d'inquiétude... et tout-à-l'heure encore... ne me suis-je pas figuré que j'avais entendu du bruit... comme quelqu'un qui fuyait à mon approche!.. Oh! c'est un enfer.

FRÉDÉRICK, *à part.* Cette maison!... ce mystère! c'était Mathilde... Ah! marquis, vous ne voulez pas vous battre... eh bien! j'ai dans les mains une arme à vous déchirer le cœur.

SOPHIE, *à part.* Qu'a-t-il donc?

FRÉDÉRICK. Stello... tu as raison, nous ne pouvons nous couper la gorge... deux anciens amis..... mais, après ce qui s'est passé, nous ne devons plus nous revoir... Adieu, je quitte Bade aujourd'hui même. (*A Sophie.*) Es-tu content?

SOPHIE. Oh! oui.

STELLO. Quoi! c'est un parti pris?

FRÉDÉRICK. Oh! mon Dieu, oui... et je te prierai seulement, vu mon départ précipité, de te charger d'une restitution que j'ai à faire.

STELLO. Qu'est-ce donc?

FRÉDÉRICK. Une écharpe!

SOPHIE, *à part.* Grand Dieu!

STELLO, *étonné.* Une écharpe?

FRÉDÉRICK. Oui, une aventure mystérieuse... tiens, la voici, cette écharpe.

STELLO. Que vois-je?

SOPHIE, *la prenant vivement et passant au milieu.* Mais ce n'est pas à lui qu'elle appartient... Frédérick, ne me la reprenez plus... je vous en prie; j'y tiens, vous le savez... c'est le gage d'un premier amour.

STELLO. Hein?

SOPHIE, *bas.* Elle est à sa femme.

FRÉDÉRICK, *bas.* Je le sais parbleu bien.

STELLO, *cherchant à se contenir.* Quoi! si jeune... et déjà amoureux.

SOPHIE. Pourquoi pas?

STELLO. Et ne peut-on savoir si cette belle?...

SOPHIE. Je ne puis rien vous dire.

FRÉDÉRICK. Et moi, je veux être indiscret.

SOPHIE. Mais qu'importe à monsieur une aventure de jeune homme?..

FRÉDÉRICK, *passant au milieu.* Laisse-moi donc parler... tu vois bien que ça intéresse le marquis... C'était une femme mariée à un jeune noble... un amour secret... une passion italienne; mais bientôt le mari devint jaloux... mais, là, franchement jaloux.... tiens, comme toi maintenant de ta belle Mathilde.

STELLO, *à part.* Contiens-toi, Stello...

FRÉDÉRICK. Il la rendit malheureuse... et naturellement...

SOPHIE. Silence... Frédérick.. n'ajoutez pas un mot... je le veux.

FRÉDÉRICK. C'est juste!

STELLO. Continue... continue.

FRÉDÉRICK. Impossible... il ne veut pas. Au fait, c'est son secret... Victorin, va tout faire préparer pour notre départ... je t'attends ici.

SOPHIE, *bas.* Venez avec moi... je ne vous laisse pas seul...

FRÉDÉRICK, *bas.* Va... ou je continue, et je ne pars que demain.

SOPHIE, *à part.* Je n'ai qu'un moyen... entrons chez M. Wormsler, ayons recours à la loi.

(Elle sort vivement.)

SCENE XI.

FRÉDÉRICK, STELLO.

STELLO, *vivement.* Frédérick! à l'instant même... au pistolet.

FRÉDÉRICK, *avec joie.* Ah!... tu te bats donc à présent?

STELLO. Oui!...

FRÉDÉRICK. Eh quoi! parce que le hasard m'a conduit dans cette ruelle... là!..

derrière ta maison... car c'est là que tu demeures, je crois.

STELLO. Frédérick!... un combat entre nous ne peut se terminer que par la mort de l'un des deux...

FRÉDÉRICK, *raillant*. Calme-toi, le sang-froid est nécessaire... la colère fait trembler la main.

STELLO, *avec rage*. La haine dirige, assure le coup-d'œil.

FRÉDÉRICK. Tu me hais donc bien?

STELLO. Oui, depuis un instant. Va chercher tes armes...

FRÉDÉRICK. Je connais tes pistolets comme les miens.

STELLO. Derrière les jardins de cet hôtel... ne me fais pas attendre.

FRÉDÉRICK. L'invitation est faite de trop bonne grâce... j'y serai avant toi.

(Ils se serrent convulsivement la main.)

AIR *nouveau de J. Doche.*

ENSEMBLE, *très-vivement.*

Ou ma vie ou la tienne,
Tu verras
Si mon bras,
Dirigé par la haine,
Sait donner le trépas.
Notre adresse est égale,
Notre affront l'est aussi;
Qu'entre nous une balle
En finisse aujourd'hui.
Entre nous pas de grâce,
Le combat engagé,
L'un des deux sur la place
Sera mort ou vengé.

REPRISE.

Ou ma vie ou la tienne, etc.

(*Stello sort à gauche.*)

SCENE XII.

FRÉDÉRICK, *seul et gaîment.*

Ah! je puis donc me réhabiliter enfin; à Vienne, où l'on rit de mon infortune, on applaudira à ma vengeance!... Oui, d'un seul coup je tuerai le ridicule... et celui qui m'en a rendu victime... Allons! dépêchons.

SCENE XIII.

SOPHIE, FRÉDÉRICK.

SOPHIE, *en dehors.*

Chantons, chantons le gai refrain
Des étudians de Berlin.

FRÉDÉRICK. Victorin!... comment lui échapper.

SOPHIE. Votre chaise de poste est attelée...

FRÉDÉRICK. Je ne pars pas.

SOPHIE. Pourquoi donc?

FRÉDÉRICK. Ecoute: quand on est homme, on comprend ce qu'exige l'honneur.

SOPHIE. Oui, quand on est homme.

FRÉDÉRICK. Je vais me battre.

SOPHIE. Je le savais.

FRÉDÉRICK. Tu vas m'attendre ici.

SOPHIE. Le sort vous sera favorable.

FRÉDÉRICK, *à part.* A la bonne heure, j'en ferai quelque chose... (*Haut.*) Merci, mon Mentor... la main?

SOPHIE. La voilà!

FRÉDÉRICK. Mieux que ça... embrasse-moi.

(Elle lui saute au cou.)

SOPHIE, *à part.* Encore!

FRÉDÉRICK. Adieu!

(Il sort.)

SCENE XIV.

SOPHIE, *seule.*

Il ne se doute de rien; et moi, je suis tranquille.

AIR: *Un beau Pêcheur.* (de J. Doche.)

Il est sauvé, destin prospère,
Mon Dieu, par qui j'ai réussi,
Dans l'avenir de vous j'espère
Pitié pour moi, bonheur pour lui. (*bis.*)

Stello, ta haine est sans puissance,
Même au nom des lois de l'honneur;
Aujourd'hui ma reconnaissance
L'emportera sur ta fureur;
Toi, tu lui demandes la vie,
Et moi, je le jure, il vivra;
Tu n'es que son mauvais génie,
Mais par bonheur moi je suis là. (*bis.*)
Il est sauvé, destin prospère, etc.

Pour protéger son existence,
Ah! s'il savait ce que j'ai fait,
Avec mépris de sa présence
Sans retour il me bannirait.
Eh bien! contente et résignée,
Malgré la rigueur de mon sort,
Si telle était ma destinée,
En pleurant je dirais encor: (*bis.*)
Il est sauvé, destin prospère, etc.

SCENE XV.

KRETTLE, SOPHIE, *puis* WORMSLER, EMELINE.

KRETTLE, *sortant de chez Wormsler.* Eh bien! monsieur l'étudiant?

SOPHIE. Il s'est éloigné pour rejoindre le marquis de Stello; mais j'espère que les ordres donnés par M. Wormsler...

KRETTLE. Oh! soyez sans inquiétude, il a

envoyé sur le terrain où les duels ont lieu d'habitude un officier et cinq soldats de ville... Il est vrai qu'il y en a quatre boiteux et un bancale... mais ça ne fait rien, ils sont très-braves, quoique fort incomplets... Tenez, d'ailleurs, voici M. Wormsler, et il vous dira lui-même...

SOPHIE, *à Wormsler, qui entre avec Emeline.* Eh bien ! monsieur?

WORMSLER. Soyez calme, jeune homme, soyez calme... j'ai été prévenu... cela suffit... Un duel!... oser se battre malgré les ordonnances?.. heureusement, toutes mes mesures sont bien prises... ce n'est pas moi qui me laisse tromper.

(Coup de feu au dehors.)

TOUS. Ciel !

SOPHIE. Un coup de feu ! ils seront arrivés trop tard !

SCENE XVI.

LES MÊMES, DAMES *et* VOYAGEURS, *sortant de chez Wormsler et de la maison de jeu.*

FINAL.

AIR *de J. Doche.*

Quel est ce bruit? de cet asile,
Du plaisir séjour si tranquille,
Qui trouble la paix aujourd'hui?
Parlez, parlez, qu'arrive-t-il ici?

SOPHIE, *sans les entendre.*

Écoutez, un seul coup de feu
Vient de retentir en ce lieu;
Un second doit se faire entendre...

Écoutez. / Écoutons. } Rien, non, rien... A quoi dois-je m'attendre?
(*Prêtant encore l'oreille.*)
Rien... l'un des d'eux sera tombé...
Mais lequel, ô mon Dieu ! lequel a succombé ?

TOUS.

Courons, courons,
Bientôt nous l'apprendrons.

SCENE XVII.

LES MÊMES, STELLO.

(Il paraît pâle et défait, et traverse lentement le fond de la scène.

TOUS. Stello !

SOPHIE.

Stello ! c'en est donc fait... Mon Dieu! prenez ma vie;
Car ici-bas ma tâche est accomplie.
(*Elle couvre son visage de ses mains et sanglote.*)

CHOEUR GÉNÉRAL.

Ah ! quel malheur épouvantable !
A Bade faisons nos adieux.
Amis, le destin implacable
Bannit le plaisir de ces lieux.

(*Krettle soutient Sophie dans ses bras et lui fait respirer des sels : sur les dernières mesure, Sophie revient à elle, repousse tout le monde, et sort vivement en s'écriant* : Frédérick, Frédérick !

ACTE TROISIEME.

Le théâtre représente l'intérieur d'un pavillon. Dans le fond, trois portes donnant sur une terrasse, et fermées par des stores. Au premier plan, à gauche, la porte de l'appartement de Frédérick. A droite, celui de Sophie. Un plan plus haut, une autre petite porte. A gauche, un tableau recouvert d'une toile, et placé obliquement sur un chevalet. A droite, un canapé, un petit meuble dessus, une bougie allumée.

SCENE PREMIERE.

KRETTLE, SOPHIE.

Au lever du rideau, Krettle est occupée à ouvrir les stores. Sophie est assise sur le canapé, un livre à la main.

SOPHIE. Voici le jour, et il n'est pas encore rentré... je tombe de fatigue.

KRETTLE, *descend en scène, éteint la bougie, prend de la broderie, et s'assied près du petit meuble qui est au bout du canapé.* Pourquoi aussi vous obstiner à passer la nuit à l'attendre?

SOPHIE. C'est que, vois-tu, quand son absence se prolonge, il me semble toujours que Stello...

KRETTLE. Le marquis ! Est-ce que nous ne sommes pas à Berlin, et lui, on ne sait où. D'ailleurs, ça s'est très-bien passé, ce duel, à Bade... qui avait pensé vous faire mourir de peur... M. le comte Frédérick avait tiré sur le marquis, et il l'avait manqué ; le marquis ajustait à son tour, quand un officier du grand-duc se place entre eux deux..... le marquis de Stello reçoit l'ordre de quitter le pays, et M. le comte Frédérick, sous la conduite du digne M. Wormsler, est invité à venir habiter Berlin; ainsi, tout est bien fini, à jamais fini.

SOPHIE. Détrompe-toi, Krettle... la vie du comte Frédérick est à la disposition du marquis.... Si tu entendais Frédérick, il me fait trembler chaque fois qu'il répète devant moi : « Le marquis n'a pas reparu, mais moi, j'ai pris soin de lui donner de mes nouvelles dans toutes les gazettes d'Allemagne et d'Italie. J'ai fait feu sur lui, il me doit une balle, et c'est une dette d'honneur que rien ne peut me faire oublier. »

KRETTLE. Bah! bah! il ne faut pas avoir des idées noires comme ça; le marquis ne reviendra jamais, et nous serons bien tranquilles tous ensemble, car je suis de la maison à présent; M. le conseiller Wormsler, en cédant ce pavillon de son hôtel à M. Frédérick, m'a aussi cédée avec le pavillon, moi.

SOPHIE, *qui ne l'a pas écoutée.* N'as-tu pas entendu du bruit?

KRETTLE. Non, du tout.

SOPHIE, *s'appuyant sur un des oreillers du canapé.* Ah! c'est bien mal à lui de me laisser ainsi dans l'inquiétude...

KRETTLE. Je suis contente, moi, que M. Wormsler m'ait attachée à votre service... et vous, monsieur Victorin?

SOPHIE, *distraite.* Moi aussi, certainement.

KRETTLE. Quand je dis à votre service, je ne suis pas tout-à-fait votre domestique.

SOPHIE, *s'endormant.* Oh! non, non.

KRETTLE. Avec ça que mon oncle le bourgmestre est riche... de sorte que... enfin, je ne vous dis que ça... vous devez me comprendre; eh bien! il dort... ah! par exemple, c'est humiliant. (*Elle se lève, et pose son ouvrage sur le meuble.*) C'est égal, quand je le regarde, je n'ai pas la force de lui en vouloir.

AIR *nouveau de J. Doche.*

S'il est éveillé, j'appréhende
De dire un mot!... Mais là je peux
Penser tout haut sans qu'il m'entende
Lui faire les plus doux aveux...
Je puis encor, quand il sommeille,
Veiller seule sur mon trésor...
Craignons, craignons qu'il ne s'éveille,
Il est si gentil quand il dort!...

DEUXIÈME COUPLET.

Dans un rêve, je l'entends dire
Qu'il ne trahira pas sa foi;
Que son cœur aime avec délire...
Et je puis prendre ça pour moi.
Ah! s'il me voit quand il sommeille,
Qu'il sommeille long-temps encor!
Craignons, craignons qu'il ne s'éveille,
Il est si gentil quand il dort!..

(*Elle s'approche du canapé.*)

SCENE II.

KRETTLE, FRÉDÉRIC, SOPHIE, *endormie.*

FRÉDÉRICK. Sept heures! M. Wormsler est matinal... il m'attend sans doute; hâtons-nous de nous rendre chez lui.

KRETTLE. Tiens, c'est vous, monsieur?

FRÉDÉRICK. Déjà levée, Krettle.

KRETTLE. Je crois bien, je ne me suis pas couchée... Mais vous, monsieur, vous étiez donc dans votre appartement, pendant qu'on vous attendait?

FRÉDÉRICK. Oui, je suis rentré du bal dans le milieu de la nuit.

KRETTLE. Par où donc?

FRÉDÉRICK. Par l'escalier dérobé, de peur que Victorin ne me grondât... Mais, dis-moi, monsieur est-il visible?

KRETTLE. Certainement, vous n'avez qu'à tourner la tête.

FRÉDÉRICK. Comment, lui aussi!..

KRETTLE. A voulu vous attendre... moi, je lui ai dit les choses les plus aimables... et voilà l'effet que ça produit sur lui.

FRÉDÉRICK. Il s'est endormi près de toi?

KRETTLE. Hélas! oui... il me semble pourtant... avec ça j'avais conçu des idées...

FRÉDÉRICK. Bah!

KRETTLE. Dam! il me dit toujours qu'il n'est pas riche... Moi, j'ai mon oncle le bourgmestre qui l'est, riche, et pas mal vieux... je me suis dit: Il est gentil... pas mon oncle, Victorin; il est gentil, je suis gentille, et un jour... Alors la tête s'est mise à trotter, à trotter, et le cœur à galoper! Avec ça qu'il avait l'air si enchanté de voir entrer une femme dans la maison! Eh bien! la voilà la femme... pourquoi qu'il ne s'explique pas?

FRÉDÉRICK. Je lui ferai sa leçon...

KRETTLE. Vrai!

FRÉDÉRICK, *regardant Sophie.* Il dort toujours!

KRETTLE. Ne le réveillez pas...

(Elle prend le petit meuble, et le place dans un coin du pavillon.)

FRÉDÉRICK. Oh! je m'en garderais bien. (*A part.*) Quelle scène il me ferait s'il savait que j'ai passé la nuit au bal, chez les Wormsler... lui qui ne les aime pas!... Il serait homme à me défendre d'y retourner ce matin... surtout s'il connaissait mes projets de mariage... mon mariage... Je ne puis me rendre compte du sentiment que j'éprouve... mais je n'ose lui avouer mon union prochaine avec Emeline... je crains qu'il ne fixe sur moi ses grands yeux, et qu'il ne me dise: Une séparation! Est-ce là ce que vous m'aviez promis, Frédérick?

KRETTLE. Dites donc... monsieur... pendant qu'il ne se doute de rien, je vas vous faire une surprise.

FRÉDÉRICK. Qu'est-ce donc?

KRETTLE. Un tableau... que M. Victorin avait commencé pour vous... là, dans sa chambre.

FRÉDÉRICK. Ah! je devine... c'est pour cela que sa porte m'était toujours fermée.

KRETTLE. Oui ; il est presque achevé nous l'avons apporté cette nuit... Tenez, regardez !

(Elle découvre le tableau.)

FRÉDÉRICK. Que vois-je?.. ce vieillard... cette jeune fille!..

KRETTLE. Le vieux, c'est son père, et la jeune fille, sa sœur. Il paraît que c'est un souvenir de ce que vous avez fait pour la famille.

FRÉDÉRICK. Cher Victorin! sais-tu qu'elle est bien jolie, sa sœur?.. elle lui ressemble...

KRETTLE, *regardant Sophie endormie.* Oh! non, elle n'est pas si bien que Victorin...

FRÉDÉRICK. C'est-à-dire qu'elle est cent fois mieux...

KRETTLE. Ça dépend des goûts! D'ailleurs elle est au couvent...

FRÉDÉRICK. Ah! c'est dommage!.. (*Il tire sa montre, à part.*) Et moi qui oublie que Wormsler m'attend de bonne heure avec son notaire.

KRETTLE. Vous ne direz rien, n'est-ce pas?

FRÉDÉRICK. Sois tranquille... (*Au tableau.*) Elle est bien jolie, sa sœur... et puis une mélancolie, une chasteté... Ah! comme je l'aurais aimée, celle-là!...

KRETTLE. Puisqu'elle est au couvent...

SOPHIE, *endormie.* Stello! Stello!

KRETTLE. Il s'éveille!

FRÉDÉRICK. Il s'éveille..... sauvons-nous... (*Jetant un dernier regard sur le tableau avant de sortir.*) C'est égal... dût-on me traiter de fou, voilà la femme qu'il me fallait...

(Il sort vivement au fond, à gauche.)

SCENE III.

KRETTLE, SOPHIE.

SOPHIE, *s'éveillant tout-à-fait.* Stello! arrêtez, c'est moi que vous tuez...

KRETTLE, *le tirant par le bras.* Monsieur Victorin, eh bien! qu'est-ce que vous avez donc?

SOPHIE. C'est toi!.. j'ai parlé, en m'éveillant... Qu'ai-je dit?

KRETTLE. Dam! pas grand'chose! vous avez nommé ce vilain marquis... comme si vous en aviez bien peur...

SOPHIE, *lui montrant la porte de l'appartement de Frédérick.* Est-ce qu'il n'est pas encore rentré?

KRETTLE. Si... il est même ressorti.

SOPHIE, *se levant.* Déjà!

KRETTLE. Et je gagerais qu'il est allé chez les Wormsler.

SOPHIE, *à part.* Toujours! (*Haut.*) Mais ce tableau... qui donc l'a découvert?

KRETTLE. Qui?.. c'est monsieur Frédéric. (*A part.*) J'aime mieux mentir que de lui déplaire.

SOPHIE. Moi qui lui ménageais une suprise...

KRETTLE. Dam! il l'a voulu absolument.

SOPHIE. Il aura dû le trouver...

KRETTLE. Superbe, magnifique...

SOPHIE. Oh! ne plaisante pas, et dis-moi la vérité.

KRETTLE. C'est ce que je fais... Oh! c'est surtout votre sœur qu'il a trouvée bien...

SOPHIE. Vraiment!

KRETTLE. Il était tout attendri, et il disait, en regardant le tableau... Voilà une belle femme, une superbe femme... C'est celle-là que j'aurais aimée... Enfin de très-jolies phrases... je suis sûre qu'il en est tombé amoureux, de votre sœur...

SOPHIE. Allons donc, tu es folle.

KRETTLE. Je vous dis qu'il l'a répété plus de vingt fois de suite avant de sortir.

(Elle s'assied près du canapé, et travaille à sa broderie.)

SOPHIE, *à part.* L'ai-je bien entendu! c'est la femme qu'il aurait choisie! il m'aimerait donc si je lui disais mon secret... Oh! ma tête se perd à cette seule pensée!.. Mais non... il aime la sœur retirée dans l'asile du Seigneur; mais il n'aurait que du mépris pour celle qui n'a pas craint de sacrifier la retenue de son sexe à une folle passion... Car je ne puis plus m'abuser maintenant, je l'aime... je l'aime plus que ma vie... Où a-t-il été cette nuit? où va-t-il avec tant d'assiduité? chez M. Wormsler, sans doute... et sa fille est jeune, belle, riche... Ah! il faut à tout prix que j'éclaircisse un soupçon qui me tue...

KRETTLE. Dites donc, monsieur Victorin, savez-vous que ce n'est pas bien gentil de parler comme ça tout seul... j'aime aussi la conversation, moi.

SOPHIE. Eh bien! causons ensemble... et pour commencer, voyons, toi qui as été long-temps au service de M. le baron Wormsler, que penses-tu de sa fille?

KRETTLE, *à part.* Est-ce qu'il en serait amoureux? (*Haut.*) Sa fille? elle ne me revient pas du tout.

SOPHIE. Vraiment?

KRETTLE. Pour la trouver seulement

supportable, il faut avoir bien mauvais goût. (*A part.*) Si elle te plaît, attrape.

SOPHIE. Tu ne sais pas combien je t'aime de t'entendre parler ainsi.

KRETTLE, *à part.* Il m'aime si j'en dis du mal... bon, je vas joliment l'arranger.

SOPHIE. Ainsi, tu la trouves donc?..

KRETTLE. Pas belle du tout... commune, très-commune, c'est l'avis de M. Frédérick.

SOPHIE. Tu es charmante.

KRETTLE. Mal faite!

SOPHIE. Je t'adore.

KRETTLE. Mal élevée!

SOPHIE. Je t'idolâtre.

KRETTLE. Et si niaise, si niaise!..

SOPHIE. Un mot de plus, et je t'embrasse.

KRETTLE, *à part.* Quel dommage que je n'aie plus de sottises à lui en dire!

SOPHIE. On dit pourtant qu'elle a des talens, qu'elle est bonne musicienne, qu'elle chante à ravir.

KRETTLE. Ah! oui, parce qu'elle fait des oh, oh, oh, ah, ah, ah, pendant des heures entières.

SOPHIE. Et que les jeunes seigneurs les plus brillans s'empressent de lui adresser leurs hommages?

KRETTLE. Il n'y en a pas un qui lui fasse la cour.

SOPHIE. En es-tu bien sûre?

KRETTLE. Pas un pauvre petit... (*Se reprenant.*) Ah! si, il y en a un.

SOPHIE, *à part.* Ciel!

KRETTLE. M. Bramberg.

SOPHIE, *à part.* Ah! je respire.

KRETTLE. Vous savez, ce guerrier prussien à la taille de mouche à miel.

SOPHIE. Oui, oui... je me souviens très-bien... un jeune officier... il était aux eaux de Bade...

KRETTLE. Oui; mais il est de retour à Berlin... Oh!.. c'est un mariage arrangé depuis long-temps.

SOPHIE, *à part.* Et moi qui craignais que Frédérick... il ne pense seulement pas à cette jeune fille...

KRETTLE. Avez-vous encore quelque chose à me demander?..

SOPHIE. Non, non, je suis content, enchanté!.. tu me transportes, ma bonne petite Krettle.

KRETTLE. Vous êtes comme moi, vous: quand on parle d'amour, de mariage, ça vous fait un drôle d'effet. Pas vrai?

SOPHIE. Est-ce que tu aimerais quelqu'un?.. conte-moi tes petits secrets? voyons.

KRETTLE, *à part.* Il se lance, il se lance. (*Haut.*) Si j'aime quelqu'un?.. Eh bien! oui... là.

SOPHIE. Et tu es aimée, sans doute!

KRETTLE. Me trouvez-vous assez gentille pour ça?

SOPHIE. C'est-à-dire que je te trouve ravissante.

KRETTLE, *à part.* Allons donc!.. il a eu bien de la peine à se décider.

SOPHIE. Je te garantis que celui que tu aimes t'aime pour le moins autant.

KRETTLE. Enfin il va se déclarer...

SCENE IV.

SOPHIE, FRÉDÉRICK, KRETTLE.

KRETTLE. Monsieur Frédérick! comme il arrive mal! juste au moment...

SOPHIE, *allant au devant de lui.* Ah! enfin, vous voilà, monsieur.

FRÉDÉRICK. Oui... sévère Mentor... oh! je n'ose pas faire de longues absences... (*A part.*) Il n'y a pas à dire, il faut tout lui avouer.

KRETTLE. Sachez, monsieur, que M. Victorin est aujourd'hui d'une gaîté!.. d'une amabilité!..

FRÉDÉRICK. Bah! est-ce qu'il a osé?

KRETTLE. Il a été bien gentil.

FRÉDÉRICK. Vraiment!.. Ah! tu as été bien gentil!..

SOPHIE. C'est qu'il y a long-temps que je n'ai été aussi heureux.

FRÉDÉRICK, *à part.* Alors il faut profiter du moment pour lui annoncer... (*Haut.*) Krettle?

(Ici Sophie se met à travailler au tableau.)

KRETTLE. Monsieur?

FRÉDÉRICK. Ecoute bien ce que je vais te dire.

KRETTLE. J'écoute.

FRÉDÉRICK. Tu vas nous laisser seuls.

KRETTLE. Ça veut dire que je m'en aille... je comprends... je comprends parfaitement.

FRÉDÉRICK. Tu es remplie d'intelligence.

KRETTLE, *à Sophie.* Monsieur Victorin, je vous ai compris.

SOPHIE, *étonnée.* Ah! tu m'as compris?

KRETTLE. Oui, oui... et si mon oncle le bourgmestre veut être un peu aimable... enfin je ne vous dis que ça... Vous devez me comprendre aussi.

SOPHIE, *à part.* Qu'est-ce qu'elle a donc?

FRÉDÉRICK. Eh bien, Krettle!

KRETTLE. Je m'en vais, je m'en vais, monsieur. (*A part.*) Enfin je crois que nous nous entendons.

(Elle sort en faisant des signes à Sophie.)

SCENE V.

SOPHIE, FRÉDÉRICK.

SOPHIE, *descendant la scène.* Si je puis m'expliquer ce qu'elle veut dire !..

FRÉDÉRICK. Comment... innocent... tu ne t'aperçois pas que cette jeune fille est folle de toi?

SOPHIE. Vous cherchez à me donner le change; mais vous ne m'échapperez pas... (*Avec autorité.*) Où avez-vous passé la nuit, mauvais sujet?

FRÉDÉRICK, *à part.* Nous y voilà.

SOPHIE. Répondez !.. Où avez-vous passé la nuit?

FRÉDÉRICK. Eh bien ! ma foi, grondemoi, si tu veux.... mais je te dirai tout.... J'ai passé la nuit au bal chez les Wormsler.

SOPHIE, *qui a été près de son tableau et a repris ses pinceaux.* Chez M. Wormsler?.. Je ne vois pas grand mal à ça.

FRÉDÉRICK. Tu dis?

SOPHIE, *peignant.* Je dis que c'est une famille fort aimable.

FRÉDÉRICK, *étonné.* Ah ! (*A part.*) Eh bien mais!.... ça va tout seul.... Moi qui croyais...

SOPHIE. Je puis travailler devant vous maintenant... curieux.

FRÉDÉRICK, *haut, assis sur le canapé et parcourant un journal.* Je suis enchanté que tu rendes justice aux Wormsler.

SOPHIE. Pourquoi cela?

FRÉDÉRICK. Un événement qui va bien t'étonner... Emeline se marie.

SOPHIE. Ah! elle se marie! C'est si avancé que cela?

FRÉDÉRICK, *à part.* C'est singulier, ça ne lui fait rien. (*Haut.*) Elle n'est pas bien jolie.

SOPHIE. Mais, au contraire, elle est charmante.

FRÉDÉRICK. Tu trouves? Est-ce que tu crois qu'elle rendra son mari heureux?

SOPHIE. Assurément.

FRÉDÉRICK. Eh bien! tant mieux! parce que, vois-tu, le mariage, ce n'est pas comme l'amour... Pourvu qu'on s'estime, qu'on se convienne...

SOPHIE. Certainement, certainement.

FRÉDÉRICK. Et connais-tu celui?..

SOPHIE. Je m'en doute.... quelqu'un qu'elle a vu à Bade.

FRÉDÉRICK. Justement... Et tu ne désapprouves pas?..

SOPHIE. Bien au contraire.

FRÉDÉRICK, *vivement.* Et moi qui n'osais pas t'avouer... Eh bien ! oui, c'est un parti convenable... jeunesse, beauté, position sociale... et, ma foi, je l'épouse...

SOPHIE, *après avoir laissé tomber sa palette et ses pinceaux.* Vous, Frédérick?..

FRÉDÉRICK. Eh bien! oui... moi.

SOPHIE, *avec reproche.* Vous?

FRÉDÉRICK. Ne la trouves-tu pas charmante, adorable?

SOPHIE, *cherchant à se remettre.* C'est vrai... c'est vrai... mais la surprise ... J'avais pensé qu'une autre... Puis vous m'aviez si souvent juré que vous ne vouliez pas vous marier....

FRÉDÉRICK. C'est pour cela que je n'osais pas d'abord te faire cette confidence; mais en te voyant si bien disposé...

SOPHIE, *essayant de sourire.* Je conçois que vous ayez hésité à m'avouer votre secret... Il y a des positions embarrassantes... et.... moi-même.... en ce moment...

FRÉDÉRICK. Tu vas te marier aussi?..., Quel bonheur !... Et avec qui?

SOPHIE. Non, non... je ne me marierai jamais, moi.... mais.... (*Avec effort.*) Je dois partir.

FRÉDÉRICK. Toi, me quitter! Je ne le veux pas...... Et où irais-tu?..... Sans parens..... sans famille..... Ta sœur ellemême....

SOPHIE. C'est elle qui réclame ma présence; elle vient de perdre la seule personne qui l'attachât au monde... Jamais elle n'avait songé à cette séparation...

FRÉDÉRICK. J'entends... une amie de couvent qui est morte sous le voile...

SOPHIE. C'est plus cruel encore... On l'abandonne, elle qui n'avait qu'une seule pensée à l'esprit, qu'un attachement au cœur!..

AIR : *Vaudeville de Préville.*

Lorsque le sort trahit ainsi ses vœux,
Elle maudit sa fatale imprudence;
Sophie, hélas! croyait aimer à deux;
Aimer seule à présent, voilà son espérance.
Par mon départ, ah! puissé-je bannir
Une pensée et chère et douloureuse!
Vous-même, ici, me diriez de partir,
Si vous saviez comme elle est malheureuse.

FRÉDÉRICK. Eh bien! Victorin, nous partirons ensemble; nous irons consoler ta sœur.

SOPHIE. C'est impossible.

FRÉDÉRICK. Nous l'enlèverons.

SOPHIE, *avec force.* Non, vous dis-je... je partirai... je partirai seul.... Oh! je le puis maintenant, votre bonheur est assuré...

FRÉDÉRICK. Et moi, je te dis que tu ne partiras pas, ingrat.

SOPHIE. Ingrat!... Le sort a prononcé, Frédérick... nous devons tous deux nous soumettre à son arrêt... et le moment est venu de vous dévoiler un secret que, seul, je possédais.

FRÉDÉRICK. Un secret? Parle, parle...

SOPHIE. Ma sœur...

FRÉDÉRICK. Eh bien!

SOPHIE. Est ici.

FRÉDÉRICK. Ici? et tu ne le disais pas!

SOPHIE. Je devais me taire.

FRÉDÉRICK. Que je la voie... que je la voie à l'instant même!...

SOPHIE. Vous la verrez une fois... une fois seulement... et puis après, heureux dans votre nouveau ménage, vous oublierez ceux qui ne vous oublieront jamais.

(Elle rentre vivement dans sa chambre, dont elle ferme la porte sur elle.)

SCENE VI.

FRÉDÉRICK, *seul.*

La sœur de Victorin ici! Elle, elle, dont mes yeux caressaient l'image avec tant de plaisir!.. Vous ne la verrez qu'une fois, m'a dit son frère... C'est-à-dire, au contraire, que je veux la voir toujours, ne jamais me séparer d'elle... Quel droit a-t-il, au fait, ce petit Victorin, de disposer ainsi de l'avenir de Sophie, de la ravir au monde, d'en faire une religieuse?.. c'est de la tyrannie... Et moi! qui vais, comme un étourdi, m'engager avec les Wormsler... pourquoi? je vous le demande... car enfin je ne l'aime pas du tout cette chère Emeline... Comment faire pour me dédire?

AIR *du Château perdu.*

Si je pouvais trouver, par aventure,
Un cher ami du genre de Stello,
Qui voulût bien m'enlever ma future,
Je lui ferais volontiers ce cadeau;
Lui, me la prit avant le mariage;
Mais cette fois, moi, je le parierais,
J'ai bien assez de bonheur en partage } *bis.*
Pour que cela ne m'arrive qu'après. }

(*Regardant du côté de l'appartement de Victorin.*)

Sophie!.. vous connaîtrai-je donc un seul jour pour ne plus vous revoir ensuite!..

SCENE VII.

KRETTLE, FRÉDÉRICK.

KRETTLE, *elle entre en pleurant.* Ah! mon Dieu, mon Dieu, quel malheur!

FRÉDÉRICK. Qu'as-tu donc, mon enfant?

KRETTLE. C'que j'ai, c'que j'ai?

AIR : *Vaudeville des Frères de lait.*

J'avais, hélas! un oncle, un bien brave homme,
Pauv' vieux goutteux, je crois encor le voir!
Et, quoiqu'il dût me laisser un' bonn' somme,
Si j' pleur' comm' ça, c'est que j' viens de r'cevoir
Une grand' lettr' avec un cachet noir.
On avait pris, pour lui guérir sa goutte,
Trois médecins.,. j'espèr' que ça suffit.

FRÉDÉRICK.

Trois médecins! il en est mort, sans doute?...

KRETTLE.

Eh! contre trois, que vouliez-vous qu'il fît. (*Bis.*)

FRÉDÉRICK, *à lui-même.* Sophie... (*A Krettle.*) Ainsi tu hérites?

KRETTLE. Dam! je n' sais pas encore au juste... (*A part.*) Où donc est passé Victorin?

FRÉDÉRICK. Et tu vas pouvoir épouser celui que tu aimes... Tu es bien heureuse!.. (*A part.*) Elle est là avec son frère!

KRETTLE. Monsieur le comte n'est déjà pas si malheureux, car, d'après ce que j'ai appris, il paraît que monsieur le comte épouse décidément mademoiselle Emeline.

FRÉDÉRICK. Oh! ce mariage... n'est pas encore fait... (*Prêtant l'oreille.*) Mais j'entends marcher... on vient... c'est elle.

KRETTLE, *étonnée.* Elle!

FRÉDÉRICK. Krettle, va-t'en.

KRETTLE. C'est que j'aurais bien voulu avoir le plaisir de dire à M. Victorin le malheur qui m'arrive.

FRÉDÉRICK. Tu le lui diras une autre fois... va-t'en... (*A lui-même.*) La porte s'ouvre.

KRETTLE. Ah! mon Dieu, qu'est-ce que j'aperçois! une robe blanche chez M. Victorin! Est-ce pour lui, est-ce pour l'autre... courons prévenir mademoiselle Emeline... quelle abomination!

FRÉDÉRICK. Mais va-t'en donc!

(Elle sort.)

SCENE VIII.

FRÉDÉRICK, *puis* SOPHIE.

FRÉDÉRICK, *la regardant entrer.* Elle est seule!.. Je ne sais; mais j'éprouve un trouble... une émotion!..

SOPHIE, *qui est entrée et est venue auprès de lui.* Je vous avais promis de venir... et me voilà!..

FRÉDÉRICK. Que vois-je! Est-ce Victorin? est-ce Sophie?

SOPHIE. L'un et l'autre.

FRÉDÉRICK. Mes yeux ne m'abusent-ils pas?

SOPHIE. Non. C'est bien moi qui, pendant long-temps, osai m'attacher à vos pas pour acquitter la dette sacrée d'un père.

FRÉDÉRICK. Une femme! c'est que j'aime bien mieux cet ami-là que l'autre.

SOPHIE. Depuis l'instant où je vous ai suivi, ma place était retenue dans un monastère.

FRÉDÉRICK. Me séparer de vous, jamais!

SOPHIE. Ah! je le sens, je n'aurais pas dû vous revoir, et mon secret serait à jamais resté enseveli dans mon sein; mais je n'aurais pas été heureuse... tranquille, si je n'avais entendu de votre bouche que vous me pardonnez, que vous ne me méprisez pas...

FRÉDÉRICK. Moi, mon cher Victorin... te mépriser... Pardon, c'est l'habitude... C'est moi qui serais à jamais méprisable, si je passais un seul jour sans répéter que vous êtes un ange de vertu.

SOPHIE. Ces paroles seront la consolation de ma vie... Adieu, comte Frédérick, il faut nous séparer... votre bonheur me dit que ma tâche est remplie... je vais fuir ce monde où tout est fini pour moi... vous, vous allez y briller près d'une compagne chérie... Adieu.... souvenez-vous quelquefois de l'amitié de Victorin, mais oubliez qu'il existe une Sophie.

(Elle va pour sortir.)

FRÉDÉRICK, *la retenant*. J'oublierais l'univers entier pour ne penser qu'à toi.

SOPHIE. Songez que bientôt je n'appartiendrai plus à ce monde.

FRÉDÉRICK. Quand tes vœux seraient déjà prononcés, je t'arracherais à leur tyrannie, et je t'enlèverais dans mes bras, comme mon bien, comme mon trésor.

SOPHIE. Mais Émeline.

FRÉDÉRICK. Émeline me pardonnera... Moi qui ai toujours rêvé l'amour, la sainte amitié, tu réalises à toi seule les deux rêves de ma vie... Oui, tout-à-l'heure encore, je disais : « Voilà la femme qu'il me » faudrait. » Et maintenant je dis : Voilà » la femme qu'il me faut.»

(Il la presse dans ses bras.)

SOPHIE. Vous aimez donc la pauvre Sophie?

FRÉDÉRICK. Et toi, ma Sophie... m'aimes-tu?

SOPHIE. O mon Dieu!... il demande si je l'aime!..

SCENE IX.

STELLO, FRÉDÉRICK, SOPHIE.

STELLO, *du fond*. Le voilà... Frédérick.

TOUS DEUX. Lui!..

STELLO, *descendant la scène*. As-tu donc oublié ta dette?

FRÉDÉRICK, *après un mouvement*. Votre adresse! dans une heure je serai chez vous.

SOPHIE. Frédérick, qu'allez-vous faire?.. je suis seule... seule au monde; vous l'avez dit vous-même.

FRÉDÉRICK. Sophie... je le jure... nous serons unis... mais tu ne voudrais pas pour époux un homme que le mépris du monde pourrait flétrir.

SOPHIE. Je vous comprends... je sais ce que l'honneur exige de vous... Eh bien! donc que chacun ici remplisse son devoir.

FRÉDÉRICK. Éloigne-toi sans crainte.... quelque chose me dit que maintenant je ne dois pas mourir.

SOPHIE, *souriant avec contrainte*. Oui... à bientôt... (*A part.*) Ah! ne les perdons pas de vue.

SCENE X.

STELLO, FRÉDÉRICK.

FRÉDÉRICK. Pauvre Sophie! j'ai dû lui donner cet espoir; mais pour moi tout est fini. (*A Stello.*) Dans un écrit cacheté et scellé de mes armes est relaté ce combat... que je prévoyais toujours... Ainsi, quel qu'en soit le résultat, vous ne pouvez être inquiété.

STELLO. Des circonstances impérieuses m'ont empêché de te rejoindre plus tôt.... mais tu as méconnu mon caractère, si tu as pensé que je profiterais de mon avantage... Que le sort prononce une seconde fois.

FRÉDÉRICK. C'est toi, Stello, qui as oublié le caractère de Frédérick, si tu as pensé qu'il consentirait à une lâcheté.

STELLO. Un mot, un seul mot de toi, et tout est oublié... Cette écharpe... jure-moi sur l'honneur que tu ne la tenais pas de la marquise!

FRÉDÉRICK. Terminons.

STELLO. Pour croire à l'innocence de celle qui est tout pour moi je donnerais ma vie; mais aussi je prendrais la tienne pour venger l'honneur de Mathilde.

FRÉDÉRICK. Tu as attendu ma balle, je dois attendre la tienne. Et ne crois pas que ce soit le désespoir qui m'inspire cette résolution... Jamais, peut-être, je ne fus plus attaché à la vie... mais je ne veux pas qu'il soit dit en Allemagne qu'un homme a fait trembler Frédérick, et que cet homme, c'est le marquis de Stello.

STELLO. Stello s'humiliera devant toi, il te proclamera son maître, son vainqueur; mais, par grâce, jure-lui que Mathilde est innocente.

FRÉDÉRICK. Je ne dirai pas un mot.

STELLO. Mais elle m'a donc trompé!

FRÉDÉRICK. Dieu seul et moi, nous le savons!

STELLO. Tu n'ignorais pas qu'elle était à Bade? (*Frédérick ne répond rien.*) C'est elle qui t'a donné cette écharpe? (*Même *silence.*) Elle me hait, elle me méprise, c'est toi seul qu'elle aime, n'est-ce pas?.... Mais réponds-moi donc!

FRÉDÉRICK. Je vais chercher mes armes.

(Il sort par la petite porte à droite.)

SCENE XI.

SOPHIE, STELLO.

STELLO. La rage me transporte!... tout mon sang reflue vers mon cœur... Mathilde l'aime!... elle m'a trompé... Eh bien! il mourra!...

(Il fait quelques pas pour sortir, Sophie se place au-devant de lui.)

SOPHIE. Non, il ne mourra pas.

STELLO. Et qui le sauvera de ma colère?

SOPHIE. Moi, en vous épargnant un crime.

STELLO. Un crime?

SOPHIE. Oui, Frédérick est innocent, Mathilde aussi est innocente.

STELLO. Comment pouvez-vous savoir?..

SOPHIE. Apprenez... Mais Frédérick revient... au nom du ciel, entrez là... écoutez tout, et...

STELLO. Pourquoi ce mystère?

SOPHIE. Oh! je vous en prie!.. je vous en supplie!..

STELLO, *avec mépris.* Est-ce Frédérick qui vous envoie?

SOPHIE, *avec frayeur.* Plus bas, s'il vous entendait!.. lui, le plus brave des hommes... Entrez quelques minutes là.... prêtez l'oreille... et après... (*avec énergie*) tuez-le, si vous en avez le courage.

STELLO. Cet air de conviction, cet accent qui part de l'ame... (*A part.*) Mathilde innocente...

SOPHIE, *avec exaltation.* Vous consentez?.. Oh! oui, vous consentez... (*Elle l'entraîne.*) Venez, venez!.. (*Elle le pousse à gauche et ferme la porte.*) Mon Dieu! inspire-moi, fais que mon projet réussisse.

SCENE XII.

SOPHIE, FRÉDÉRICK.

FRÉDÉRICK, *entrant sans voir Sophie, une boîte de pistolets à la main.* Pauvre Sophie! (*Il se retourne et voit Sophie.*) Sophie!

SOPHIE. Où alliez-vous, Frédérick!

FRÉDÉRICK. Moi... j'allais au-devant de vous... de...

SOPHIE. Vous alliez mourir, Frédérick.

FRÉDÉRICK, *à part.* Elle sait tout.

(Il pose la boîte sur le canapé.)

SOPHIE. Vous alliez mourir, et vous ne m'attendiez pas!

FRÉDÉRICK. Tant de dévouement, de résignation!.. Ah! ne me parlez pas ainsi, ou vous me feriez préférer la vie à l'honneur.

SOPHIE. Non, je ne ferai pas d'un cœur noble et généreux un cœur faible et sans courage...

FRÉDÉRICK. Ah! cet instant vaut toute une existence.

SOPHIE. La main de Stello ne peut-elle trembler?

FRÉDÉRICK. Oh! non, elle ne tremblera pas... mais... ne parlons que de toi, de toi seule, laisse-moi m'enivrer de tes regards, te dire que je t'aime, que je n'ai jamais aimé que toi.

SOPHIE, *s'éloignant de lui et s'approchant de la porte par où est entré Stello.* Certainement, c'est très-bien ce qu'il dit là...(*montrant la porte*) mais cela ne détrompera pas Stello.

(Elle est près de la porte, elle prend une chaise et s'assied.)

FRÉDÉRICK. Qu'as-tu donc?.. pourquoi t'éloigner de moi?

SOPHIE. Je ne vous empêche pas de vous rapprocher.

FRÉDÉRICK, *allant à elle, et s'asseyant.* D'où vient cet air d'inquiétude!.. douterais-tu de ma sincérité?

SOPHIE. Non... mais, s'il faut vous l'avouez... je suis un peu jalouse!.. et ce que vous me dites, Frédérick... vous l'avez dit à tant d'autres femmes...

FRÉDÉRICK. Je ne l'ai pensé qu'aujourd'hui...

SOPHIE. Pourtant... cette belle Mathilde...

FRÉDÉRICK. Mathilde!.. Ah! je le sens maintenant... ce n'était pas de l'amour... c'était de l'orgueil... c'était la rage d'avoir été trompé!.. trahi!.. Eh bien! à présent, êtes-vous rassurée?

SOPHIE. Pas encore tout-à-fait... car enfin, à Bade... quand vous l'avez revue...

FRÉDÉRICK. Je te jure que le hasard seul...

SOPHIE. Le hasard est souvent bien blâmable... Si vous n'aimiez pas... on vous aimait... peut-être... Ah! cette pensée est pour moi insupportable...

FRÉDÉRICK. Eh bien! non... on ne m'aimait pas.

SOPHIE. Continuez... continuez... je suis déjà plus à mon aise... Il n'y a plus que cette écharpe qui me chagrine...

FRÉDÉRICK, *d'un ton pénétré, mais à mi-voix.* Songez qu'un bandeau couvrait mes yeux... et ce gage... on ne me le donna pas... je m'en emparai... par curiosité...

SOPHIE. Mais parlez donc plus haut... avec plus d'assurance... votre voix est tremblante... on dirait un coupable qui veut cacher la vérité... qui craint d'être indiscret...

FRÉDÉRICK, *s'animant et élevant la voix.* Par tout ce que j'ai de plus cher au monde... par mon amour pour toi... je le jure... ce rendez-vous mystérieux... il me fut accordé pour éviter une rencontre entre son mari et moi... voilà tous les torts de Mathilde... Le désir de me venger de Stello, de lui rendre peine pour peine, voilà tout mon crime.

SOPHIE, *avec expansion.* Ah! vous ne savez pas combien cet aveu me rend heureuse.... merci, Frédérick!.. Maintenant allez satisfaire à l'honneur... (*Elle se lève.*) Si le marquis de Stello a le courage de diriger son arme contre vous... Dieu vous protégera.

FRÉDÉRICK, *à part.* Renoncer à la vie... dans ce moment... c'est horrible...

(Il va prendre la boîte de pistolets.)

SOPHIE, *qui a ouvert la porte de gauche, et qui a regardé.* Il n'était pas là... il ne nous entendait pas... Oh! malheureuse...

(Elle sort vivement.)

FRÉDÉRICK, *se dirigeant vers la porte.* Sophie!.. où vas-tu?

SCENE XIII.

FRÉDÉRICK, STELLO, *puis* SOPHIE.

STELLO, *au fond.* Frédérick!

FRÉDÉRICK. Stello!.. Ah! malgré moi... une sueur froide...

STELLO, *redescendant la scène.* Tremblerais-tu?

FRÉDÉRICK. Trembler! (*Il pose la boîte sur une chaise, en tire un pistolet, le donne à Stello, et lui dit :*) Stello! je ne te demande qu'une grâce... ne me fais pas attendre...

(Il va se placer au fond, en dehors, mais en vue du public, sur la terrasse.)

SOPHIE, *appelant dans la coulisse.* Frédérick!.. Frédérick!..

FRÉDÉRICK, *à Stello.* Vise au cœur, Stello!

STELLO, *sur le devant de la scène.* A toi, Frédérick.

(Il ajuste, le coup part. En ce moment la porte s'ouvre, Sophie paraît.)

SOPHIE, *entrant précipitamment, et s'écriant en s'adressant à Stello.* Malheureux!

FRÉDÉRICK, *descendant la scène.* Manqué!..

SOPHIE. Ah! ah!..

(Elle se jette dans ses bras.)

FRÉDÉRICK. Ton coup-d'œil peut donc aussi te tromper, Stello?

(En ce moment plusieurs domestiques arrivent, Frédérick va les rassurer, et donne quelques ordres à l'un d'eux qui sort à gauche.)

SOPHIE, *à Stello.* Lâche!.. qu'avez-vous fait?

STELLO, *bas à Sophie.* Vous voyez bien que j'avais tout entendu!.. jamais Frédérick n'eût accepté de grâce.

SOPHIE. Ah! merci!.. *

(Stello s'éloigne lentement.)

FRÉDÉRICK, *se jetant dans les bras de Sophie.* Sophie! ma Sophie! maintenant à moi pour toujours!

SOPHIE. Ne m'étais-je pas promise à Dieu?

FRÉDÉRICK. Aussi Dieu recevra-t-il nos sermens.

AIR *d'Yelva.*

Si j'étais mort, ou je m'abuse,
On jugeant ton cœur par le mien,
Sous la robe d'une recluse
On eût vu mon ange gardien...
Mais je vis... ô toi qui m'es chère,
Oh! ne prends pas cet habit solennel,
Je ne veux pas, moi qui restes sur terre,
Que mon ange remonte au ciel.

SCENE XIV.

LES MÊMES, KRETTLE.

KRETTLE. Ah! quel bonheur! quel bonheur! J'hérite de tout le bien de mon oncle... Hein? qu'est-ce que je vois là! mon mari qui est une demoiselle...

FRÉDÉRICK. Une demoiselle qui sera ma femme.

KRETTLE. Là, aimez donc de confiance... Ah! par exemple, monsieur Frédérick, vous me devez un dédommagement.

FRÉDÉRICK. Et je te le donnerai, mon enfant. (*Montrant Sophie.*) Maintenant j'ai la main heureuse.

CHOEUR FINAL.

AIR : *Un beau pêcheur*, etc.

Plus de chagrins, plus de souffrance,
Un sort heureux sera le sien,
C'est près de lui que l'espérance,
A fixé son ange gardien;
L'ange gardien. (*bis.*)

* NOTA. A Paris l'on finit ainsi la pièce :

(Frédérick se jette dans les bras de Sophie, Stello les contemple avec bonheur et reste sur l'avant-scène.)

SOPHIE. Ah! la joie! le bonheur!..

FRÉDÉRICK. Sophie, ma Sophie!.. maintenant, à toi pour toujours.

CHOEUR GÉNÉRAL.

Plus de chagrins, *etc.*

FIN.

PARIS. — IMPRIMERIE DE Ve DONDEY-DUPRÉ, RUE SAINT-LOUIS, AU MARAIS.

www.ingramcontent.com/pod-product-compliance
Ingram Content Group UK Ltd.
Pitfield, Milton Keynes, MK11 3LW, UK
UKHW020534180726
13839UKWH00006B/2509